„Man kann die Wellen nicht stoppen,
aber man kann lernen zu surfen."

Jon Kabat-Zinn

Independently published

Matthias Teutrine
Medien, Druck und Verlag
Denkmalstr. 11-13 • D-32760 Detmold
05231-927070 • info@teutrine.de
www.teutrine.de

Der Weg zum bewussten Tun in einer Welt der Ablenkung

Stellen Sie sich vor, Sie wären in einem Zirkus. Um Sie herum rasen Jongleure, schwingende Seiltänzer und brüllende Löwen in einem wilden Chaos durcheinander. Nun stellt Ihnen jemand die Aufgabe, in all diesem Lärm eine präzise Bewegung auszuführen: einen Faden durch ein winziges Nadelöhr zu fädeln, ohne sich von der tobenden Welt um Sie herum ablenken zu lassen. Ein fast unmögliches Unterfangen, nicht wahr? So ähnlich fühlen sich viele Menschen in unserer modernen Gesellschaft, nur dass ihr Zirkus das alltägliche Leben ist. Ein Leben voller Pings, Nachrichten und E-Mails, in dem die Dringlichkeit jedes kleinen Reizes wie eine Zirkusattraktion Aufmerksamkeit verlangt.

Hier kommt das Konzept des Single Tasking ins Spiel, der „Ein-Ziel-Fokussierung". Dabei handelt es sich um eine bewusste, fast radikale Herangehensweise an Aufgaben, die in einer vom Multitasking besessenen Gesellschaft wie ein Gegenentwurf wirkt. Single Tasking ist die Kunst, die zahllosen Bälle, die wir gleichzeitig in die Luft zu werfen versuchen, einen nach dem anderen zu fokussieren und wirklich in dem Moment anzukommen, in dem wir gerade tätig sind.

Doch warum ist das heutzutage so schwer? Die Antwort ist einfach: Ablenkungen lauern an jeder Ecke. Die Verfügbarkeit von Informationen hat zugenommen, aber auch die Geschwindigkeit, mit der sie auf uns einströmen. Wir haben unendlich viele Möglichkeiten und Werkzeuge, unsere Zeit „effizient" zu nutzen, und genau das führt dazu, dass wir uns zerstreuen und den Überblick verlieren. Jede kleine Benachrichtigung scheint dabei wie ein winziger Magnet zu wirken, der einen Teil unserer Aufmerksamkeit anzieht und uns daran hindert, fokussiert und tief in eine Aufgabe einzutauchen.

Sehnsucht nach Tiefe und Fokus

Das Bedürfnis, wieder zu mehr Ruhe und Konzentration zu finden, ist ein zutiefst menschliches. Das zeigt sich in der wachsenden Popularität von Meditation und Achtsamkeit, aber auch in simplen Dingen wie der Sehnsucht nach unverplanten Wochenenden oder Urlaubstagen ohne ständige Erreichbarkeit. Viele Menschen wissen intuitiv, dass sie mehr Energie und Klarheit gewinnen würden, wenn sie nur die Fähigkeit hätten, sich weniger ablenken zu lassen. Single Tasking ist jedoch weit mehr als die bloße Vermeidung von Ablenkungen, es ist eine Lebenskunst, die bewusstes Handeln, tiefes Arbeiten und klare Prioritäten miteinander verbindet.

In diesem Buch werden wir die Grundlagen dieser Kunst beleuchten und zeigen, warum sie zunehmend an Bedeutung gewinnt. Wir beginnen mit einem Blick darauf, wie unser Gehirn arbeitet, welche Funktionen es im Ruhezustand entfaltet und wie es mit all den parallelen Reizen umgeht. Wussten Sie, dass unser Gehirn im Grunde gar nicht für Multitasking geschaffen ist? Es kann nur zwischen Aufgaben hin- und herwechseln, doch das raubt ihm Energie. Ein enormer Teil unserer Kraft geht verloren, weil wir sie in alle Richtungen verstreuen. Kein Wunder also, dass wir abends oft das Gefühl haben, unzählige Dinge begonnen, aber kaum etwas wirklich abgeschlossen zu haben.

Fokussierte Aufmerksamkeit

Single Tasking ist eng mit der Psychologie der Aufmerksamkeit verknüpft. Aufmerksamkeit, so sagen Neurowissenschaftler, ist kein unendlicher Strom. Vielmehr ist sie ein begrenztes Reservoir, das sich bei andauernder Belastung erschöpfen kann. Wenn wir uns auf eine Aufgabe fokussieren, aktivieren wir genau die Areale des Gehirns, die für tiefes und kreatives Arbeiten benötigt werden. Wechseln wir jedoch immer wieder zwischen Aufgaben, wird dieser Fluss unterbrochen. Man könnte sagen, unser Gehirn verliert den roten Faden und benötigt jedes Mal einen Moment, um sich neu zu orientieren. Ein Prozess, der viel mehr Zeit und Energie kostet, als uns oft bewusst ist.

Daher können wir uns Single Tasking wie eine gezielte Investition vorstellen. Wer seine Energie nicht in kleine, flackernde Gedankenblitze aufteilt, sondern gezielt auf einen Punkt richtet, wird mit einer tiefen, anhaltenden Konzentration belohnt. Diese Konzentration erlaubt es uns, Dinge wirklich zu durchdringen, kreative Lösungen zu finden und am Ende des Tages das Gefühl zu haben, etwas Wertvolles geschaffen zu haben.

Single Tasking und Achtsamkeit

Single Tasking hat starke Verbindungen zur Achtsamkeit. Achtsamkeit ist die Fähigkeit, sich voll und ganz im Moment zu befinden, ohne ständig in die Zukunft zu driften oder sich über Vergangenes Gedanken zu machen. Single Tasking nimmt diesen Ansatz und richtet ihn auf unsere Aufgaben im Alltag: Was wäre, wenn wir in unserer Arbeit dieselbe intensive Präsenz erreichen könnten wie in einer meditativen Sitzung? Was, wenn wir jede Aufgabe mit dem Fokus und der Hingabe eines Zen-Meisters erledigen könnten?

Natürlich ist dies einfacher gesagt als getan. Ständig strömen Informationen und Eindrücke auf uns ein, und sie nicht zu beachten, ist eine Kunst für sich. Das Ziel von Single Tasking ist es, sich nicht mehr in den Nebenwegen zu verlieren, sondern den Hauptpfad bewusst zu verfolgen. Es geht darum, sich auf eine einzige Handlung zu konzentrieren und dieser unsere volle Aufmerksamkeit zu schenken. Dabei helfen Techniken, wie sie in der Achtsamkeit und Meditation gelehrt werden. Einige dieser Techniken, werden auch in diesem Buch vorgestellt.

Warum Single Tasking eine Revolution im Alltag sein kann

Aber wozu das Ganze? Sie fragen sich vielleicht, ob es wirklich notwendig ist, sich so bewusst auf eine einzige Sache zu konzentrieren. Ist das nicht alles ein bisschen anstrengend und kontraintuitiv in einer Zeit, in der man doch alles auf einmal erledigen sollte? Tatsächlich kann Single Tasking anfangs wie eine Herausforderung erscheinen, fast wie ein Rückschritt. Doch die Vorteile, die sich durch konsequentes Fokussieren ergeben, sind gewaltig.

1. **Weniger Stress**: Indem wir nicht ständig zwischen Aufgaben hin und her wechseln, senken wir den Stresspegel enorm. Das Gehirn muss sich nicht ständig neu kalibrieren und kann dadurch langfristig leistungsfähiger bleiben.

2. **Mehr Produktivität und Klarheit**: Durch gezielte Fokussierung gelangen wir tiefer in die Materie, arbeiten effizienter und kommen zu durchdachteren Ergebnissen. Es ist, als ob wir nicht nur ein ganzes Werkzeugset für unsere Konzentration in der Hand hätten, sondern auch jedes einzelne Werkzeug richtig einsetzen können.

3. **Bewussteres Leben**: Ein Leben, das von Fokus und Ruhe geprägt ist, fühlt sich erfüllter an. Wir bekommen das Gefühl, unsere Zeit und Energie sinnvoll zu investieren, anstatt nur auf Autopilot durch die To-Do-Listen des Lebens zu rasen.

Dieses Buch möchte Ihnen aufzeigen, wie Sie Single Tasking in Ihrem Alltag integrieren können. Wir werden uns durch eine Vielzahl von Techniken arbeiten, die von bewährten Konzentrationstechniken bis hin zu moderner Achtsamkeit und Deep-Work-Philosophie reichen. Jedes Kapitel widmet sich einem spezifischen Aspekt von Single Tasking und zeigt Ihnen, wie Sie die Methoden auf die unterschiedlichsten Lebensbereiche anwenden können.

Egal, ob Sie nach Wegen suchen, Ihre berufliche Produktivität zu steigern, Ihr Privatleben bewusster zu gestalten oder einfach ein bisschen mehr Ruhe und Klarheit in Ihrem Alltag zu finden: Single Tasking bietet eine Methode, um diese Ziele Schritt für Schritt zu erreichen. Sie werden lernen, wie Sie Ihre Aufmerksamkeit trainieren, Ihre Aufgaben priorisieren, eine achtsame Umgebung schaffen und wie Sie die Kunst des bewussten „Neinsagens" meistern.

Am Ende dieses Buches werden Sie hoffentlich das Gefühl haben, dass Single Tasking nicht nur eine Methode, sondern eine Lebensphilosophie ist. Es ist der bewusste Gegenpol zur Hektik, die uns umgibt, und eine Möglichkeit, inmitten des Sturms den Anker zu werfen und wirklich da zu sein, wo Sie sein möchten. Bei sich selbst und bei dem, was Sie gerade tun.

Kapitel 1:
Multitasking ist nur die Illusion von Effizienz

Stellen wir uns folgendes Szenario vor: Ein Büroangestellter sitzt an seinem Schreibtisch, vor ihm ein Stapel Berichte, daneben das Handy mit eingehenden Nachrichten, während sein Posteingang auf dem Computer-Bildschirm unaufhörlich neue E-Mails empfängt. Unser engagierter Mitarbeiter möchte alles gleichzeitig erledigen, denn schließlich glaubt er fest daran, ein fähiger Multitasker zu sein. Doch am Ende des Tages ist er frustriert und erschöpft, der Arbeitsstapel scheint kaum geschrumpft, und die wichtigste Aufgabe wurde einmal mehr auf morgen verschoben. Was ist schiefgelaufen?

Weil Multitasking als Fähigkeit und Tugend gelobt wird, sind viele Menschen fest davon überzeugt, dass sie effektiver und schneller arbeiten, wenn sie mehrere Dinge gleichzeitig erledigen. Doch die Wissenschaft sagt etwas anderes. Zahlreiche Studien belegen, dass unser Gehirn eigentlich gar nicht für das Multitasking geschaffen ist.

Wenn wir die viel gepriesene Multitasking-Fähigkeit unter die Lupe nehmen, stellen wir fest, dass Multitasking tatsächlich ineffizient ist. Mit Single Tasking erreichen wir mehr und sind dabei auch noch entspannter.

Warum unser Gehirn nicht für Multitasking gebaut ist

Es gibt ein grundlegendes Missverständnis über das Multitasking: die Vorstellung, dass unser Gehirn mehrere Aufgaben parallel ausführen kann. Tatsächlich schaltet unser Gehirn aber einfach nur sehr schnell zwischen Aufgaben hin und her, in einem Prozess, den Neurowissenschaftler als *Task Switching* bezeichnen. Doch dieses Hin- und Herschalten ist kein Zaubertrick, bei dem alles parallel geschieht, es ist eine Art geistiges Jonglieren, das viel Kraft und Energie kostet.

Jedes Mal, wenn wir die Aufgabe wechseln, muss das Gehirn sich neu orientieren, einen sogenannten „Kontextwechsel" vollziehen und Ressourcen neu bündeln. Je häufiger wir wechseln, desto mehr Energie wird verbraucht, und desto weniger Ressourcen bleiben für die eigentliche Arbeit übrig.

Das Resultat? Unsere Effizienz sinkt. Eine oft zitierte Studie der Universität Stanford zeigte, dass Menschen, die ständig multitasken, eine geringere kognitive Leistungsfähigkeit und eine schlechtere Aufmerksamkeitsspanne haben als Menschen, die sich auf eine Aufgabe konzentrieren.

Kurz gesagt: Multitasking führt zu Fehlern, kostet Zeit und hinterlässt ein Gefühl der Erschöpfung.

Die Illusion der Effizienz: Warum Multitasking verlockend, aber trügerisch ist

Warum hält sich Multitasking trotzdem so hartnäckig? Der Grund ist eine Art Illusion: Jedes Mal, wenn wir eine Aufgabe wechseln, erleben wir eine Art Mini-Belohnung. Das Gefühl, auf eine neue E-Mail zu antworten oder auf eine dringende Nachricht zu reagieren, lässt uns für den Moment produktiv erscheinen. Wir fühlen uns, als würden wir wichtige Dinge erledigen, und diese schnelle Belohnung gibt uns einen kleinen Energieschub. Aber diese kleinen Schübe summieren sich am Ende zu nichts, wie ein Zuckerschub, der uns für eine Sekunde glücklich macht, aber langfristig keine Energie spendet.

Multitasking gibt uns das Gefühl, viel zu schaffen, obwohl es in Wahrheit unsere Fähigkeit zur tiefen, wirkungsvollen Arbeit untergräbt. Es ist eine Art Selbstbetrug, dem viele von uns verfallen sind. Durch das ständige Wechseln bleibt unser Gehirn auf einer oberflächlichen Ebene, und das verhindert, dass wir in eine Aufgabe wirklich eintauchen.

Diese Illusion der Effizienz ist es, die uns so verführt. In Wahrheit wäre ein fokussiertes Arbeiten weit produktiver und befriedigender.

Der Vorteil des Single Tasking: Weniger ist mehr

Im Gegensatz zum Multitasking setzt das Single Tasking auf die Kraft der „Ein-Aufgabe-Strategie". Das bedeutet, sich voll und ganz auf eine Aufgabe zu konzentrieren, ohne sich von anderen Reizen ablenken zu lassen. Single Tasking funktioniert nach dem Prinzip „weniger ist mehr": Weniger Ablenkung, mehr Effizienz. Dabei geht es nicht nur um eine kurzfristige Fokussierung, sondern um eine langfristige Fähigkeit, die trainiert und gestärkt werden kann.

Wenn wir uns auf eine einzige Aufgabe konzentrieren, wird das Gehirn in die Lage versetzt, alle seine kognitiven Ressourcen in diese Aufgabe zu investieren. Wir können tiefere Zusammenhänge erkennen, kreative Lösungen entwickeln und schneller zu Ergebnissen kommen. Durch den gezielten Einsatz unserer Aufmerksamkeit vermeiden wir das Gefühl der Zerstreutheit, das durch Multitasking entsteht, und gelangen zu einer größeren inneren Ruhe.

Praktische Übungen für den Einstieg

Um sich von der Multitasking-Falle zu befreien, ist es hilfreich, gezielt Single Tasking-Übungen in den Alltag zu integrieren. Jede dieser Übungen wurde so entwickelt, dass sie leicht umsetzbar ist und Ihnen hilft, Schritt für Schritt mehr Fokus zu gewinnen.

Übung 1: Die Eine-Sache-Aufgabe

Ziel: Für eine kurze Zeitspanne den Fokus auf eine einzige Aufgabe zu richten. Dabei trainieren wir, die Erfahrung bewusst wahrzunehmen.

1. Wählen Sie eine Aufgabe, die Sie in etwa 10 bis 15 Minuten vollständig erledigen können. Idealerweise sollte es sich um eine Aufgabe handeln, die nicht zu komplex ist. Beispielsweise das Lesen eines kurzen Berichts oder das Aufräumen Ihres Schreibtisches.
2. Schalten Sie alle Ablenkungen ab: Schalten Sie Ihr Handy in den Flugmodus, schließen Sie unnötige Tabs und lassen Sie nur das vor sich, was Sie für die Aufgabe benötigen.
3. Konzentrieren Sie sich nun ausschließlich auf diese eine Aufgabe. Nehmen Sie wahr, wie es sich anfühlt, wenn keine anderen Reize Ihre Aufmerksamkeit beanspruchen.
4. Nach Ablauf der Zeit ziehen Sie Bilanz: Wie war das Gefühl? Haben Sie einen Unterschied in Ihrer Konzentration oder im Ergebnis bemerkt?

Wiederholen Sie diese Übung regelmäßig, um sich an das Gefühl des tiefen Fokussierens zu gewöhnen.

Übung 2: Der „Zeitblock" für fokussierte Aufgaben

Ziel: Durch klare Zeitfenster bewusst fokussierte Arbeitsphasen schaffen und schrittweise in den Alltag integrieren.

1. Planen Sie einen festen Zeitblock (z. B. 30 oder 45 Minuten) für eine Aufgabe, die Ihre volle Aufmerksamkeit erfordert.

2. In dieser Zeit sind Sie nur für diese eine Aufgabe „verfügbar". Machen Sie sich bewusst, dass keine anderen Aufgaben Ihre Aufmerksamkeit beanspruchen dürfen.

3. Setzen Sie sich ein klares Ziel für diese Zeit. Zum Beispiel: „In den nächsten 30 Minuten werde ich die ersten fünf Seiten meines Berichts schreiben."

4. Konzentrieren Sie sich ausschließlich auf das Ziel und vermeiden Sie es, Ihre Aufmerksamkeit auf andere Aufgaben zu lenken. Sollten Sie abgelenkt werden, erinnern Sie sich daran, dass diese Aufgabe in einem anderen Zeitblock Platz findet.

Diese Übung hilft dabei, eine Routine im Umgang mit Single Tasking zu entwickeln und den Wert der Zeitblockmethode zu erkennen.

Übung 3: Die „Multitasking-Falle" vermeiden

Ziel: Das Bewusstsein für Multitasking-Muster schärfen und bewusste Gegenmaßnahmen ergreifen.

1. Achten Sie im Laufe des Tages darauf, wann Sie ins Multitasking verfallen. Es gibt typische Auslöser, wie z. B. das gleichzeitige Beantworten von E-Mails und Telefonaten oder das Abwechseln zwischen Gesprächen und das Bearbeiten von Dateien.

2. Sobald Sie sich dabei ertappen, wie Sie zwischen Aufgaben wechseln, halten Sie kurz inne und atmen Sie tief durch.

3. Entscheiden Sie sich bewusst für eine Aufgabe, die Sie zu Ende führen, bevor Sie mit der nächsten beginnen.

4. Wiederholen Sie diese Übung regelmäßig, um Ihr Bewusstsein für Multitasking-Muster zu schärfen und eine tiefere, fokussierte Arbeitsweise zu entwickeln.

Diese Übung unterstützt Sie dabei, den Drang zum Multitasking zu verringern und den Unterschied zwischen echter Produktivität und scheinbarer Effizienz zu erkennen.

Denken Sie daran: Multitasking eine trügerische Illusion.

Kapitel 2:
Aufmerksamkeit trainieren

Die Bedeutung der Aufmerksamkeit für unser Wohlbefinden

Wenn Informationen schneller auf uns einstürzen als je zuvor, ist Aufmerksamkeit zu einem seltenen und kostbaren Gut geworden. Es gibt einen faszinierenden Widerspruch in unserer modernen Welt: Wir sind ständig beschäftigt, aber häufig fühlen wir uns am Ende des Tages leer, als ob all diese Aktivitäten uns nichts wirklich Bedeutendes eingebracht hätten. Der Schlüssel zu mehr Zufriedenheit und zu echten beruflich und privat Fortschritten, liegt in der Fähigkeit, Aufmerksamkeit wie einen Muskel zu trainieren und gezielt einzusetzen.

Konzentrationsfähigkeit nicht nur eine Frage der Persönlichkeit, sondern auch eine Fähigkeit, die durch regelmäßige Übung gestärkt werden kann. Ähnlich wie ein Muskel wächst und sich anpasst, kann auch die Aufmerksamkeit mit dem richtigen Training verbessert werden. Dieses Kapitel wird Ihnen zeigen, wie Sie Ihren „Aufmerksamkeitsmuskel" systematisch trainieren können, um tiefere Konzentration und ein achtsameres Bewusstsein zu erreichen.

Wie unser Gehirn fokussiert und warum es sich ablenken lässt

Um zu verstehen, warum und wie wir Aufmerksamkeit trainieren können, ist ein kurzer Ausflug in die Funktionsweise unseres Gehirns hilfreich.

Die menschliche Aufmerksamkeit funktioniert auf zwei Ebenen: der selektiven Aufmerksamkeit, die es uns ermöglicht, uns auf eine bestimmte Sache zu konzentrieren, und der geteilten Aufmerksamkeit, die dafür sorgt, dass wir auch andere Reize wahrnehmen – etwa, wenn wir in einer Unterhaltung in einem Café die Hintergrundgeräusche ignorieren, aber dennoch reagieren, wenn jemand unseren Namen ruft.

Doch diese geteilte Aufmerksamkeit führt oft dazu, dass wir ungewollt auf Reize reagieren. Das war evolutionär von Vorteil, denn in der Steinzeit sicherte das schnelle Reagieren auf ein Geräusch hinter uns möglicherweise unser Überleben. Heutzutage jedoch sorgt es dafür, dass wir auf das Vibrieren unseres Handys reagieren oder uns von einem vorbeifahrenden Auto ablenken lassen, auch wenn wir in ein wichtiges Gespräch vertieft sind.

Aufmerksamkeit zu trainieren bedeutet, diesen „Ablenkungsinstinkt" zu kontrollieren und selektiv die Umgebung auszublenden.

Wie man den Aufmerksamkeitsmuskel trainiert – Übungen für mehr Konzentration

Der Weg zu mehr Aufmerksamkeit beginnt mit kleinen, alltäglichen Übungen, die Ihre Fähigkeit stärken, den Fokus auf eine Sache zu richten und darin zu verweilen. Im Folgenden finden Sie eine Reihe von Übungen, die Sie dabei unterstützen, Ihre Aufmerksamkeit schrittweise zu verbessern. Einige dieser Übungen erscheinen vielleicht einfach, aber die Kraft dieser kleinen Schritte zeigt sich, wenn sie regelmäßig und bewusst praktiziert werden.

Übung 1: Die „Atemanker"-Methode

Ziel: Aufmerksamkeit durch bewusste Atemkontrolle lenken und damit den Fokus stärken.

Diese Übung basiert auf der Erkenntnis, dass unser Atem uns immer in den gegenwärtigen Moment zurückholt. Der Atem ist wie ein Anker, der uns hilft, gedanklich nicht in die Vergangenheit oder Zukunft abzudriften.

1. Setzen Sie sich aufrecht hin und schließen Sie die Augen. Atmen Sie ein paar Mal tief durch die Nase ein und langsam durch den Mund wieder aus.

2. Lenken Sie Ihre gesamte Aufmerksamkeit auf das Ein- und Ausströmen der Luft. Spüren Sie, wie die Luft durch Ihre Nase fließt, wie sich Ihr Brustkorb hebt und senkt.

3. Jedes Mal, wenn Sie merken, dass Ihre Gedanken abschweifen, bringen Sie Ihre Aufmerksamkeit sanft, ohne sich zu verurteilen, zurück zum Atem.
4. Machen Sie dies für fünf Minuten am Morgen und fünf Minuten am Abend.

Diese Übung hilft, die Fähigkeit zu stärken, sich bewusst auf eine Sache zu konzentrieren und dabei gedankliche Ablenkungen beiseitezuschieben.

Übung 2: Das „Mono-Tasking-Ritual"

Ziel: Gezieltes Fokustraining durch ein bewusstes, tägliches Ritual.

Mono-Tasking ist das Gegenteil von Multitasking: Es bedeutet, eine einzige Aufgabe in völliger Konzentration zu erledigen. Diese Übung lässt sich ideal in den Tagesablauf integrieren, beispielsweise beim morgendlichen Kaffee oder beim Aufräumen des Schreibtisches.

1. Wählen Sie eine kleine, alltägliche Aufgabe, die Sie für fünf bis zehn Minuten ausführen können. Sie könnte so einfach sein wie das Einräumen der Spülmaschine oder das Zubereiten eines Kaffees.
2. Fokussieren Sie sich während dieser Aufgabe nur auf das Tun. Vermeiden Sie es, gleichzeitig Musik zu hören oder auf Ihr Handy zu schauen.

3. Wenn Sie merken, dass Ihre Gedanken abschweifen, bringen Sie sie sanft zurück zur Aufgabe.

4. Genießen Sie die Einfachheit des Mono-Taskings und erleben Sie, wie es sich anfühlt, sich nur auf eine Sache zu konzentrieren.

Diese Übung zeigt, wie erfüllend es sein kann, eine Aufgabe bewusst auszuführen, ohne gedanklich auf andere Reize zu reagieren.

Übung 3: Die „15-Minuten-Fokuszeit"

Ziel: Längere Konzentrationsphasen schaffen und die Aufmerksamkeit aufrechterhalten.

Diese Übung steigert den Aufmerksamkeitsaufbau und hilft, die Konzentrationsfähigkeit über einen längeren Zeitraum zu stabilisieren.

1. Setzen Sie sich eine einfache Aufgabe, die 15 Minuten Konzentration erfordert. Dies kann eine Arbeit am Computer, das Lesen eines Kapitels oder eine andere konzentrierte Tätigkeit sein.

2. Stellen Sie einen Timer auf 15 Minuten und versprechen Sie sich selbst, dass Sie sich in dieser Zeit ausschließlich dieser Aufgabe widmen werden.

3. Sobald der Timer läuft, eliminieren Sie jegliche Ablenkungen. Kein Handy, kein Blick auf E-Mails oder andere Aufgaben.

4. Beenden Sie die Aufgabe nach 15 Minuten, auch wenn Sie das Gefühl haben, weitermachen zu wollen.

Diese Übung ist ein wichtiger Schritt in Richtung längerer Fokuszeiten. Wenn Sie merken, dass 15 Minuten problemlos möglich sind, verlängern Sie die Zeit schrittweise auf 20 oder 30 Minuten.

Die Rolle von Pausen und der Erholung des Geistes

Viele Menschen glauben, dass sie ihre Konzentration verbessern können, indem sie stundenlang durcharbeiten. Doch die Wissenschaft zeigt, dass Pausen nicht nur notwendig, sondern entscheidend sind, um die Aufmerksamkeit zu erhalten. Wenn wir uns selbst keine Pausen gönnen, wird unser Gehirn müde und beginnt, die Konzentrationsfähigkeit zu verlieren.

Die sogenannte Pomodoro-Technik ist eine beliebte Methode, bei der Arbeitseinheiten von 25 Minuten durch eine fünfminütige Pause unterbrochen werden. Nach vier Einheiten wird eine längere Pause eingelegt. Diese Technik zeigt, dass regelmäßige kurze Pausen uns nicht von der Arbeit ablenken, sondern uns tatsächlich dabei helfen, länger konzentriert zu bleiben.

Aufmerksamkeit im Alltag fest verankern

Um Single Tasking erfolgreich in den Alltag zu integrieren, ist es wichtig, auch jenseits der Arbeit an seiner Aufmerksamkeit zu arbeiten. Hier sind ein paar Ideen, wie Sie im Alltag den Fokus und Ihre ganze Aufmerksamkeit auf eine einzige Tätigkeit richten können:

1. **Bewusstes Essen**: Konzentrieren Sie sich während einer Mahlzeit ausschließlich auf den Geschmack und das Gefühl des Essens. Lassen Sie das Handy beiseite und verzichten Sie auf Ablenkungen.

2. **Fokus-Routine entwickeln**: Beginnen Sie jeden Morgen mit einer kurzen Konzentrationsübung, etwa dem bewussten Atmen oder der Mono-Tasking-Methode.

3. **Kleine Momente der Stille**: Nehmen Sie sich im Laufe des Tages ein paar Momente der absoluten Ruhe, in denen Sie einfach nur atmen und sich bewusst auf den Moment konzentrieren. Diese kleinen Pausen helfen dabei, die Aufmerksamkeitsfähigkeit zu bewahren.

Die Fähigkeit, sich bewusst zu konzentrieren und die Umgebung auszublenden, ist selten und wertvoll. Ein trainierter „Aufmerksamkeitsmuskel" garantiert bessere Konzentration, weniger Stress und die Fähigkeit, Aufgaben effizienter und erfolgreicher zu bewältigen.

Kapitel 3:
Das Prinzip der Priorisierung

Die Kunst, das Wesentliche zu erkennen

Stellen Sie sich einen prall gefüllten Terminkalender vor, in dem sich Aufgaben, Meetings und Verpflichtungen aneinanderreihen. Die Zeiten, in denen Sie tatsächlich wichtige Dinge erledigen, scheinen zu schmelzen wie ein Eiswürfel in der Sonne, während die Flut an E-Mails und dringenden Anliegen Sie immer wieder unterbricht. Viele von uns kennen dieses Gefühl: Man arbeitet den ganzen Tag, und am Ende bleibt das wirklich Wichtige doch unerledigt.

Priorisierung ist der Schlüssel zu einem Leben, in dem das Wesentliche im Mittelpunkt steht. Die Frage „Was ist wirklich wichtig?" zu beantworten, klingt banal, ist aber alles andere als einfach. Oft verwechseln wir Dringliches mit Wichtigem und verlieren uns in der Erledigung von Kleinigkeiten, die auf den ersten Blick bedeutend erscheinen, langfristig aber wenig zur Erfüllung unserer Ziele beitragen.

Konzentrieren wir uns darauf, wie Sie die Fähigkeit zur Priorisierung als entscheidenden Teil des Single Tasking meistern können. Durch klare Priorisierung lernen Sie, das Dringende vom Wichtigen zu unterscheiden, Ihre Ziele in den Vordergrund zu rücken und eine fokussierte, zielgerichtete Arbeitsweise zu entwickeln.

Warum die Unterscheidung zwischen „dringend" und „wichtig" entscheidend ist

Der berühmte US-Präsident Dwight D. Eisenhower brachte es auf den Punkt, als er sagte: „Was wichtig ist, ist selten dringend, und was dringend ist, ist selten wichtig." Tatsächlich sind dringende Aufgaben oft solche, die uns von außen aufgezwungen werden und kurzfristig gelöst werden müssen. Sie schaffen jedoch nur selten einen echten Mehrwert.

Wichtige Aufgaben hingegen sind jene, die mit unseren langfristigen Zielen, Visionen und Werten verbunden sind. Sie tragen zu persönlichem und beruflichem Wachstum bei und bringen uns näher an das, was uns wirklich erfüllt. Das Problem: Wichtige Aufgaben haben oft keine unmittelbare Deadline. So besteht die Gefahr, dass wir sie aufschieben und uns stattdessen von dringenden Aufgaben ablenken lassen, die uns das Gefühl geben, „produktiv" zu sein.

Die Eisenhower-Matrix:
Ein praktisches Werkzeug zur Priorisierung

Ein bewährtes Instrument zur Priorisierung ist die Eisenhower-Matrix, die Aufgaben in vier Quadranten unterteilt:

1. **Wichtig und dringend**: Aufgaben, die Sie sofort erledigen sollten. Beispiele sind Krisensituationen oder Deadlines, die nicht verschiebbar sind.

2. **Wichtig, aber nicht dringend**: Aufgaben, die langfristig zum Erfolg führen und das eigene Wachstum fördern. Diese Aufgaben sollten geplant und regelmäßig verfolgt werden.

3. **Dringend, aber nicht wichtig**: Aufgaben, die schnell erledigt werden müssen, aber wenig Wert haben. Sie sollten, wenn möglich, delegiert oder reduziert werden.

4. **Weder wichtig noch dringend**: Diese Aufgaben sind oft Zeitverschwendung und sollten eliminiert oder auf ein Minimum reduziert werden.

Durch regelmäßige Anwendung dieser Matrix können Sie lernen, Ihre Aufgaben gezielt einzuordnen und bewusst mehr Zeit für die wichtigen Dinge zu reservieren, anstatt sich im Sog des Dringlichen zu verlieren.

Übung: Anwendung der Eisenhower-Matrix auf die eigene Aufgabenliste

1. **Schreiben Sie alle Aufgaben auf**, die Sie in den nächsten Tagen oder Wochen erledigen möchten.

2. **Ordnen Sie jede Aufgabe einem der vier Quadranten** zu. Überlegen Sie, welche Ziele Sie langfristig verfolgen und inwiefern die Aufgaben dazu beitragen.

3. **Konzentrieren Sie sich auf den zweiten Quadranten** – die wichtigen, aber nicht dringenden Aufgaben. Planen Sie Zeitfenster, um diese Aufgaben in Angriff zu nehmen, bevor sie dringend werden.

4. **Delegieren Sie, was delegierbar ist** und streichen Sie Aufgaben, die weder wichtig noch dringend sind, aus Ihrem Zeitplan.

Ziel ist es, einen klaren Überblick über Ihre Aufgaben zu gewinnen und gezielt Zeit für das Wesentliche zu schaffen.

Die Top-3-Prioritätensetzung: Fokus auf das Wesentliche

Bei der sogenannte „Top-3-Prioritätensetzung" geht es darum, täglich die drei wichtigsten Aufgaben auszuwählen, die Sie erledigen möchten. Diese Methode zwingt Sie, eine bewusste Auswahl zu treffen und lenkt Ihre Aufmerksamkeit gezielt auf die wirklich wichtigen Dinge.

Übung: Die tägliche Top-3-Liste

1. **Setzen Sie sich jeden Morgen hin** und fragen Sie sich, welche drei Aufgaben an diesem Tag wirklich wichtig sind.
2. **Formulieren Sie die Aufgaben so konkret wie möglich.** Statt „Projekt weiterführen" könnte die Aufgabe „Den Bericht fertigstellen" lauten.
3. **Erledigen Sie zuerst die Top-3-Aufgaben**, bevor Sie sich anderen Tätigkeiten widmen.
4. **Reflektieren Sie am Abend:** Haben Sie alle drei Aufgaben abgeschlossen? Falls nicht, überlegen Sie, was Sie ablenkte und wie Sie am nächsten Tag konzentrierter arbeiten können.

Diese Methode hilft, sich auf wenige, aber wesentliche Aufgaben zu konzentrieren und gibt ein Gefühl der Erfüllung, wenn die wichtigsten Punkte abgehakt sind.

Langfristige Priorisierung: Ziele definieren, die wirklich zählen

Um langfristig erfolgreich zu sein, ist es wichtig, eine klare Vorstellung davon zu entwickeln, was Sie im Leben erreichen möchten. Definieren Sie Ziele, die wirklich zählen, um ein erfülltes Leben zu führen. Dabei ist es wichtig, persönliche und berufliche Ziele klar voneinander zu trennen und für beide Bereiche Prioritäten zu setzen.

Übung: „Die Lebensziel-Reflexion"

1. **Nehmen Sie sich eine ruhige Stunde** und schreiben Sie auf, welche langfristigen Ziele Sie in den verschiedenen Bereichen Ihres Lebens haben: beruflich, privat, gesundheitlich, persönlich.

2. **Fragen Sie sich bei jedem Ziel**, warum es Ihnen wichtig ist und wie es zu Ihrem persönlichen Wachstum beiträgt.

3. **Setzen Sie sich konkrete, messbare Zwischenziele**, um den Fortschritt zu verfolgen und regelmäßig reflektieren zu können, ob Sie auf dem richtigen Weg sind.

4. **Überprüfen Sie diese Ziele regelmäßig**, z. B. alle drei Monate, und passen Sie sie an, wenn sich Ihre Lebensumstände ändern.

Diese Übung gibt Ihnen Klarheit über das, was Ihnen langfristig wichtig ist, und was wirklich Bedeutung hat.

Die „Not-To-Do-Liste":
Das Eliminieren von unnötigen Aufgaben

Oft besteht der effektivste Schritt zur Priorisierung darin, bestimmte Tätigkeiten einfach nicht mehr zu tun. Eine „Not-To-Do-Liste" ist ein mächtiges Werkzeug, um überflüssige Aufgaben zu identifizieren und sie konsequent aus Ihrem Alltag zu verbannen. Was bleibt, ist eine klare Liste an Tätigkeiten, die wirklich sinnvoll sind.

Übung: Die Erstellung einer „Not-To-Do-Liste"

1. **Beobachten Sie für eine Woche**, welche Tätigkeiten Ihren Tag dominieren, aber wenig zum Erreichen Ihrer Ziele beitragen. Beispiele könnten ständiges E-Mail-Checken, zielloses Surfen im Internet oder unnötige Meetings sein.

2. **Notieren Sie diese Aufgaben** und überlegen Sie, wie Sie sie reduzieren oder eliminieren können.

3. **Erstellen Sie eine „Not-To-Do-Liste"** mit all den Aufgaben, die Sie künftig vermeiden möchten.

4. **Überprüfen Sie Ihre Not-To-Do-Liste regelmäßig**, um sicherzustellen, dass diese Aufgaben auch wirklich nicht in Ihren Alltag zurückkehren.

Ziel ist es, den Alltag von unnötigem Ballast zu befreien und Raum für bedeutungsvolle Tätigkeiten zu schaffen. Diese Priorisierung ist eine grundlegende Entscheidung über den Umgang mit unserer Zeit und Energie.

Kapitel 4:
Die Kunst des Nein-Sagens und der Schutz der eigenen Zeit

Warum „Nein" oft der beste Weg zum Erfolg ist

„Nein" eines der schwersten Worte zu sein. Die Angst, etwas zu verpassen, andere zu enttäuschen oder als unhöflich wahrgenommen zu werden, führt dazu, dass viele Menschen reflexartig „Ja" sagen, selbst wenn es ihnen nicht guttut. Das ständige „Ja" öffnet jedoch Türen für endlose Verpflichtungen, lenkt von den eigenen Prioritäten ab und führt oft zu einem Leben, das fremdbestimmt erscheint.

Die Fähigkeit, bewusst „Nein" zu sagen, ist daher ein zentraler Baustein des Single Tasking. Sie ermöglicht es uns, unsere Energie und Zeit auf die Dinge zu konzentrieren, die wirklich wichtig sind, und andere Aktivitäten gezielt auszublenden, egal wie gut gemeint sie auch sein mögen. In diesem Kapitel erfahren Sie, warum Nein-Sagen eine Schlüsselkompetenz ist, wie Sie es höflich und bestimmt einsetzen und welche Techniken Ihnen helfen können, Ihre eigene Zeit zu schützen.

Die Psychologie des Nein-Sagens: Warum es uns so schwerfällt

Es gibt psychologische Gründe, warum das Nein-Sagen für viele Menschen eine Herausforderung ist. Unsere Kultur prägt uns, anderen entgegenzukommen und hilfsbereit zu sein. Ein Nein wirkt oft wie ein Bruch mit sozialen Erwartungen. Menschen sagen häufig „Ja", um Konflikten aus dem Weg zu gehen oder um Harmonie zu bewahren. Ein „Ja" gibt uns kurzfristig ein gutes Gefühl, aber langfristig kann es zur Belastung werden, wenn wir uns übernehmen und ständig Erwartungen anderer erfüllen. Ein klares „Nein" ist kein Zeichen von Egoismus, sondern der Klarheit über die eigenen Grenzen.

Die Vorteile eines klaren Nein

1. **Freiheit und Zeit für das Wesentliche**: Wer Nein sagen kann, schafft Raum für das, was ihm wirklich wichtig ist. Sie gewinnen Zeit und Energie, um Ihre eigenen Ziele zu verfolgen.

2. **Stärkung der Selbstachtung**: Ein selbstbewusstes Nein stärkt Ihr Selbstvertrauen. Es signalisiert Ihnen und anderen, dass Sie Ihre Grenzen kennen und respektieren.

3. **Reduktion von Stress und Überforderung**: Weniger Verpflichtungen bedeuten auch weniger Stress. Nein-Sagen schützt vor Überlastung.

Techniken und Strategien für das Nein-Sagen

Das Nein-Sagen ist eine Kunst, die man üben kann. Es gibt unterschiedliche Strategien, die Ihnen helfen, selbstbewusst und höflich Grenzen zu setzen, ohne Schuldgefühle oder das Gefühl, unhöflich zu sein. Die folgenden Techniken zeigen Ihnen, wie Sie klare Grenzen setzen und Ihre Zeit effektiv schützen können.

Technik 1: Das „Nein aufschieben"

Eine Möglichkeit, unangenehme Situationen zu vermeiden, ist das Aufschieben der Antwort. Statt impulsiv zu reagieren, nehmen Sie sich die Zeit, um zu überlegen, ob Sie die Anfrage wirklich annehmen möchten.

1. Wenn jemand Sie um einen Gefallen bittet oder zu einer Aktivität einlädt, sagen Sie: „Ich muss darüber nachdenken. Ich gebe dir morgen Bescheid."
2. Nutzen Sie diese Bedenkzeit, um abzuwägen, ob diese Aufgabe wirklich zu Ihren Prioritäten passt.
3. Sollte es nicht zu Ihren Zielen passen, sagen Sie höflich ab und erklären Sie, dass Sie sich bewusst auf andere Dinge konzentrieren möchten.

Diese Technik hilft, spontanen Zusagen zu entkommen und Nein zu sagen, ohne sich unter Druck zu setzen.

Technik 2: Das „Kompromiss-Nein"

Falls Sie aus sozialen Gründen oder aufgrund einer beruflichen Beziehung nicht einfach Nein sagen können, ist ein „Kompromiss-Nein" hilfreich. Dabei wird eine Alternative angeboten, die Ihre Zeit weniger beansprucht und gleichzeitig zeigt, dass Sie entgegenkommen.

1. Sagen Sie höflich: „Ich kann leider nicht die gesamte Aufgabe übernehmen, aber ich kann Sie mit ein paar Ideen unterstützen."
2. Bieten Sie eine kleine Hilfe an, die weniger Zeit in Anspruch nimmt, oder weisen Sie auf andere Ressourcen hin.

Durch diese Form des Neins vermeiden Sie es, sich komplett zu verpflichten, und behalten dennoch die Kontrolle über Ihre Zeit. Das Kompromiss-Nein ist besonders in beruflichen Situationen nützlich, in denen völliges Ablehnen schwierig ist.

Technik 3: Das „Selbstsichere Nein"

Oft genügt ein einfaches, selbstsicheres Nein, ohne dass eine lange Erklärung erforderlich ist. Ein klares Nein wird von anderen oft eher akzeptiert, als wenn wir versuchen, uns zu rechtfertigen.

1. Sagen Sie freundlich, aber bestimmt: „Nein, das passt leider gerade nicht in meinen Zeitplan."

2. Wiederholen Sie, falls nötig, Ihr Nein, ohne sich auf lange Diskussionen einzulassen.
3. Üben Sie diese Technik bei kleineren Anfragen, um Selbstsicherheit zu gewinnen und das Nein als natürlichen Teil Ihrer Kommunikation zu sehen.

Diese Technik erfordert etwas Mut, aber sie stärkt Ihre Selbstachtung und signalisiert anderen, dass Sie Ihre Grenzen respektieren.

Technik 4: Die „Not-To-Do-Liste"

Ihre Not-To-Do-Liste kann Ihnen auch bei Anfragen dabei helfen, sich im Alltag an Ihre Prioritäten zu erinnern und unnötige Verpflichtungen abzulehnen.

1. Erstellen Sie eine Liste mit Aufgaben, die Sie in Ihrem Alltag vermeiden möchten.
2. Sobald Sie eine Anfrage erhalten, die zu einer dieser Aufgaben gehört, sagen Sie konsequent Nein.
3. Überprüfen Sie Ihre Not-To-Do-Liste regelmäßig, um sicherzustellen, dass Sie Ihre Grenzen einhalten und sich nicht von neuen Aufgaben vereinnahmen lassen.

Die Not-To-Do-Liste gibt Ihnen ein klares Bild davon, welche Aufgaben Sie vermeiden möchten und hilft, Ihre Entscheidungen zu festigen.

Übungen zur Stärkung der Nein-Kompetenz

Um das Nein-Sagen zu einer natürlichen Fähigkeit zu machen, ist regelmäßiges Üben wichtig. Die folgenden Übungen sollen Ihnen helfen, das Nein-Sagen schrittweise in Ihren Alltag zu integrieren.

Übung 1: Das tägliche „kleine Nein"

Ziel: Die Angst vor dem Nein-Sagen abbauen und das Selbstbewusstsein stärken.

1. Setzen Sie sich das Ziel, mindestens einmal am Tag „Nein" zu sagen, auch wenn es sich um eine kleine Anfrage handelt.

2. Achten Sie darauf, wie sich das Nein anfühlt und welche Reaktionen es hervorruft. Versuchen Sie, eventuelle Schuldgefühle bewusst zu hinterfragen und loszulassen.

3. Wiederholen Sie diese Übung täglich, um sich an das Nein-Sagen zu gewöhnen und sich darin sicherer zu fühlen.

Diese Übung hilft, die Hemmschwelle zu senken und das Nein als normalen Bestandteil der Kommunikation zu akzeptieren.

Übung 2: Die Wochenanalyse

Ziel: Bewusstsein für Verpflichtungen und Zeitverschwendung schaffen.

1. Führen Sie über eine Woche Buch darüber, wie oft Sie Ja sagen und wie oft Nein.
2. Analysieren Sie am Ende der Woche, welche dieser Verpflichtungen Sie gern erfüllt haben und welche Sie lieber abgelehnt hätten.
3. Überlegen Sie, wie Sie die unnötigen Verpflichtungen künftig vermeiden.

Die Wochenanalyse hilft Ihnen, Muster zu erkennen und die Effizienz Ihres Neins zu verbessern.

Übung 3: Die „Wertorientierte Entscheidung"

Ziel: Entscheidungen treffen, die im Einklang mit Ihren Werten und Zielen stehen.

1. Bevor Sie auf eine Anfrage eingehen, prüfen Sie, ob diese Aufgabe zu Ihren persönlichen Zielen passt.
2. Wenn die Aufgabe nicht im Einklang mit Ihren Werten steht, sagen Sie Nein und begründen Sie die Entscheidung für sich selbst.
3. Bewusste Entscheidung stärken das Gefühl der Kontrolle und helfen, fokussiert zu bleiben.

Das hilft, eine klare Richtung in Ihrem Leben einzuhalten.

Kapitel 5: Deep Work – Die Magie des tiefen Arbeitens

Warum wir Tiefe in unserer Arbeit brauchen

Wir haben uns oft an eine oberflächliche Hektik gewöhnt. Ständig wechseln wir zwischen verschiedenen Aufgaben, beantworten E-Mails im Minutentakt und springen von einem Meeting zum nächsten. Doch diese hektische Arbeitsweise führt selten zu den wirklich großen Ideen und Ergebnissen. Sie sorgt vielmehr dafür, dass wir ständig auf Trab sind und am Ende des Tages dennoch das Gefühl haben, nichts Wesentliches geschafft zu haben.

Deep Work – das tiefe Arbeiten – ist die Kunst, sich vollständig und ohne Ablenkung auf eine Aufgabe einzulassen, um eine höhere geistige Tiefe zu erreichen. Deep Work ist der Gegensatz zur oberflächlichen Arbeitsweise, die wir im Alltag oft erleben. Wenn wir im Zustand des Deep Work sind, verschmelzen wir förmlich mit der Aufgabe und erleben eine Art „Flow", der uns zu außergewöhnlichen Ergebnissen führen kann.

In diesem Kapitel erfahren Sie, wie Sie Deep Work in Ihren Alltag integrieren können, welche Strategien und Techniken Ihnen helfen, in den Zustand des tiefen Arbeitens zu gelangen und welche langfristigen Vorteile dies für Ihre Produktivität und Ihr Wohlbefinden hat.

Die Wissenschaft hinter dem Flow und Deep Work

Deep Work ist eng mit dem sogenannten Flow-Zustand verbunden, einem Zustand maximaler Produktivität und Kreativität. Es ist das Gefühl des völligen Aufgehens in einer Tätigkeit. Wenn wir im Flow sind, verfliegt die Zeit, und wir sind so tief in der Aufgabe, dass wir die Außenwelt für einen Moment vergessen. Im Flow arbeiten wir nicht nur effizienter, sondern auch mit mehr Freude und innerer Zufriedenheit.

Menschen, die regelmäßig in den Flow-Zustand gelangen, sind in der Regel langfristig zufriedener und produktiver. Sie erleben weniger Stress und schaffen es, komplexe Aufgaben in kürzerer Zeit zu erledigen. Deep Work ermöglicht uns, den Flow gezielt zu erreichen, indem wir uns bewusst und konzentriert einer Aufgabe widmen, ohne ständige Unterbrechungen.

Die Voraussetzungen für Deep Work

Um Deep Work zu praktizieren, müssen bestimmte Voraussetzungen erfüllt sein. Es reicht nicht aus, sich einfach hinzusetzen und sich vorzunehmen, konzentriert zu arbeiten. Vielmehr erfordert Deep Work eine gezielte Planung und das Schaffen einer passenden Umgebung. Hier sind einige zentrale Voraussetzungen:

1. **Eine klare, störungsfreie Umgebung**: Deep Work erfordert eine ruhige Umgebung, in der Sie nicht ständig unterbrochen werden. Das kann ein aufgeräumter Schreibtisch sein oder ein abgetrennter Raum, in dem Sie ungestört sind.
2. **Bewusste Zeitfenster**: Legen Sie feste Zeitblöcke für Deep Work fest. Am besten funktioniert dies, wenn Sie täglich zur gleichen Zeit konzentriert arbeiten.
3. **Ein klares Ziel**: Deep Work ist am effektivsten, wenn Sie ein klares Ziel vor Augen haben. Stellen Sie sicher, dass Sie wissen, was Sie erreichen wollen, bevor Sie in die Deep Work-Phase starten.
4. **Eine konzentrierte Aufgabenstellung**: Deep Work funktioniert besonders gut bei Aufgaben, die geistig herausfordernd sind und einen klaren Fokus erfordern. Zum Beispiel Schreiben, Analysieren oder kreative Problemlösung.

Strategien zur Integration von Deep Work in den Alltag

Es gibt verschiedene Methoden, um Deep Work in den Alltag zu integrieren. Welche Methode am besten funktioniert, hängt von Ihrem individuellen Zeitplan und Ihren beruflichen Anforderungen ab. Im Folgenden werden vier Deep Work-Strategien vorgestellt, die helfen können.

Strategie 1: Das „Rhythmus-Modell"

Diess Modell ist besonders für Menschen mit festen Arbeitszeiten geeignet, die ihren Tag durch eine regelmäßige Deep Work-Praxis strukturieren möchten.

1. Legen Sie einen festen täglichen Zeitblock für Deep Work fest, z. B. jeden Morgen von 9:00 bis 11:00 Uhr.
2. Richten Sie in dieser Zeit Ihre gesamte Aufmerksamkeit auf eine einzige Aufgabe, die Konzentration und Tiefgang erfordert.
3. Schalten Sie alle Ablenkungen wie E-Mails, Telefon und Benachrichtigungen ab.
4. Wiederholen Sie diesen Rhythmus täglich, um sich an die Deep Work-Praxis zu gewöhnen.

Das Rhythmus-Modell hilft Ihnen, Deep Work als festen Bestandteil Ihres Tagesablaufs zu verankern und schafft eine klare Struktur für fokussiertes Arbeiten.

Strategie 2: Die „Blockzeit-Methode"

Die Blockzeit-Methode ist eine flexible Methode, die sich gut für Menschen eignet, die einen weniger strukturierten Tagesablauf haben. Hier planen Sie Deep Work-Phasen in Form von Zeitblöcken, die über die Woche verteilt sind. Diese Methode ist ideal, wenn Sie mehrere Projekte jonglieren und für verschiedene Aufgaben Deep Work-Phasen einplanen möchten.

1. Planen Sie wöchentlich mehrere Zeitblöcke für Deep Work, z. B. drei Blöcke à zwei Stunden.
2. Widmen Sie jeden Block einem bestimmten Projekt oder Thema und vermeiden Sie, währenddessen an anderen Aufgaben zu arbeiten.
3. Notieren Sie Ihre Deep Work-Zeiten in Ihrem Kalender, um sicherzustellen, dass Sie sich diese Zeit konsequent nehmen.

Die Blockzeit-Methode erlaubt es Ihnen, flexibel auf unterschiedliche Projekte zu reagieren und dennoch genügend Deep Work-Zeit für jedes Projekt einzuplanen.

Strategie 3: Das „Wochen-Retreat"

Das Wochen-Retreat ist eine radikalere Methode, bei der Sie ein oder zwei Tage pro Woche komplett reservieren. Diese Methode ist besonders nützlich, wenn Sie Projekte haben, die größere Zeitblöcke erfordern.

1. Reservieren Sie einen Tag pro Woche (z. B. den Freitag) ausschließlich für Deep Work. Verzichten Sie an diesem Tag auf Meetings und andere Verpflichtungen.
2. Konzentrieren Sie sich an diesem Tag ausschließlich auf eine komplexe Aufgabe, die Fokus und Tiefgang erfordert.
3. Nutzen Sie diese Zeit, um tiefer in das Projekt einzutauchen und größere Fortschritte zu erzielen.

Das Wochen-Retreat eignet sich besonders gut für Menschen, die sich regelmäßig mit Projekten befassen, die größere Zeiträume benötigen.

Strategie 4: Die „Monastische Methode"

Die Monastische Methode ist die extremste Form von Deep Work und eignet sich für besondere Projekte, die eine hohe geistige Tiefe und absolute Konzentration erfordern. Hierbei schalten Sie sich über einen bestimmten längeren Zeitraum vollständig von der Außenwelt ab und widmen sich ausschließlich einem Projekt.

1. Planen Sie im Voraus eine Woche oder einen Monat, in dem Sie sich auf ein einziges Projekt konzentrieren.

2. Reduzieren Sie sämtliche Außenkontakte auf ein Minimum. Keine E-Mails, keine sozialen Medien, keine Meetings.

3. Nutzen Sie diesen Zeitraum, um tiefer in das Projekt einzutauchen und Aufgaben zu erledigen, die sonst durch tägliche Ablenkungen beeinträchtigt würden.

Die Monastische Methode ist ideal für intensive, kreative Projekte und führt oft zu besonders tiefgreifenden Ergebnissen.

Übungen, um die Fähigkeit zur Deep Work zu trainieren

Auch Deep Work ist eine Fähigkeit, die sich durch gezieltes Training verbessern lässt. Die folgenden Übungen helfen Ihnen, Ihre Konzentration zu steigern und die Einhaltung der Deep Work-Phasen gezielt zu trainieren.

Übung 1: Die „30-Minuten-Fokus-Challenge"

Ziel: Die Fähigkeit steigern, sich über längere Zeit auf eine Aufgabe zu konzentrieren.

1. Wählen Sie eine Aufgabe, die 30 Minuten Konzentration erfordert, z. B. das Lesen eines Artikels oder das Schreiben einer Konzeptidee.
2. Schalten Sie alle Ablenkungen ab und stellen Sie sich einen Timer auf 30 Minuten.
3. Arbeiten Sie an der Aufgabe, ohne abzuschweifen. Jedes Mal, wenn Ihre Gedanken abschweifen, bringen Sie sie bewusst zurück zur Aufgabe.
4. Verlängern Sie die Zeit schrittweise auf 45 oder 60 Minuten, wenn Sie sich an die 30-Minuten-Einheit gewöhnt haben.

Diese Übung hilft Ihnen, Ihre Konzentration Schritt für Schritt zu steigern.

Übung 2: Das „Fokustagebuch"

Ziel: Selbstreflexion und Verbesserung Ihres Deep Work-Prozesses.

1. Führen Sie ein Tagebuch über Ihre Deep Work-Sitzungen, in dem Sie festhalten, wann und wie lange Sie in den Deep Work-Modus gelangt sind.
2. Notieren Sie, welche Aufgaben Sie während der Deep Work-Phase erledigt haben und wie Ihre Konzentration war.
3. Überlegen Sie, welche Faktoren Ihre Konzentration verbessert oder beeinträchtigt haben.
4. Verwenden Sie das Tagebuch, um Ihre Deep Work-Praxis kontinuierlich zu optimieren.

Das Fokustagebuch hilft Ihnen, Ihre Fortschritte zu verfolgen und gezielt an Ihrer Deep Work-Routine zu arbeiten.

Übung 3: Die „Ablenkungs-Liste"

Ziel: Unterbrechungen während der Deep Work reduzieren.

1. Platzieren Sie während Ihrer Deep Work-Sitzung eine Notiz oder ein Dokument, auf dem Sie alle Gedanken und Ideen festhalten, die während der Arbeit auftauchen, aber nichts mit der aktuellen Aufgabe zu tun haben.

2. Schreiben Sie jede Ablenkung sofort auf die Liste, ohne sich weiter damit zu befassen.
3. Arbeiten Sie weiter an Ihrer Aufgabe und schauen Sie sich die Liste erst nach Abschluss der Deep Work-Phase an.

Die Ablenkungs-Liste hilft Ihnen, Ihre Konzentration aufrechtzuerhalten und sich nicht weiter von auftauchenden Gedanken ablenken zu lassen.

Deep Work als Schlüssel zur Exzellenz

Deep Work ist eine der effektivsten Methoden, um tiefere, bedeutungsvollere Arbeit zu leisten und das eigene Potenzial voll auszuschöpfen. Die Fähigkeit, konzentriert und ungestört an einer Aufgabe zu arbeiten, ist ein entscheidender Faktor für Erfolg und Zufriedenheit.

Indem Sie die Techniken und Übungen aus diesem Kapitel in Ihren Alltag integrieren, schaffen Sie die Grundlage für langfristige, tiefgreifende Ergebnisse und erleben eine Arbeitsweise, die weit über den Alltagstrubel hinausgeht.

Im nächsten Kapitel widmen wir uns der Kunst der Achtsamkeit im Alltag, einer wertvollen Ergänzung zum Deep Work, die Ihnen hilft, präsent zu bleiben und Ihre Aufmerksamkeit auch in den kleinen Momenten des Lebens zu schulen.

Kapitel 6:
Die Kraft der Achtsamkeit im Alltag

Warum Achtsamkeit unser Leben bereichert

Achtsamkeit. Das klingt zunächst nach einem Schlagwort aus der Selbsthilfe-Ecke oder nach einem exotischen Konzept fernöstlicher Meditation. Doch in Wahrheit ist Achtsamkeit eine uralte, kraftvolle Praxis, das Leben bewusster wahrzunehmen. Während wir durch Deep Work lernen, fokussiert und produktiv zu arbeiten, schult uns die Achtsamkeit darin, auch in den scheinbar unbedeutenden Momenten des Tages präsent und aufmerksam zu sein.

Achtsamkeit bedeutet, mit einem wachen Geist und ohne Urteil den Augenblick wahrzunehmen. Sie ist eine Methode, um Stress abzubauen, die Lebensqualität zu steigern und den Geist zu beruhigen. Durch Achtsamkeit können wir lernen, dem Leben mit einer neuen Perspektive zu begegnen: aufmerksam, ruhig und empfänglich für das, was wirklich zählt. Dieses Kapitel erklärt, wie Achtsamkeit unser Leben bereichert, stellt einfache Übungen für den Alltag vor und zeigt, wie sie den Single-Tasking-Ansatz unterstützt.

Was Achtsamkeit ist – und was sie nicht ist

Achtsamkeit bedeutet nicht, dass wir alles perfekt machen müssen oder dass wir keine Fehler begehen dürfen. Im Gegenteil: Achtsamkeit hilft uns, uns selbst und andere weniger streng zu bewerten. Es geht nicht darum, alle Probleme zu lösen, sondern sie bewusst wahrzunehmen, ohne sofort in hektisches Handeln zu verfallen.

Oft leben wir wie auf Autopilot. Wir erledigen eine Aufgabe nach der anderen, denken dabei jedoch ständig an das, was noch kommt, oder lassen uns von den Ereignissen des Tages ablenken. Achtsamkeit bietet eine Pause von diesem Dauerrauschen und bringt uns zurück in den Moment. Sie ist die Fähigkeit, sich vollkommen auf das Hier und Jetzt zu konzentrieren. Darin liegt ihre Kraft.

Die positiven Effekte der Achtsamkeit

Achtsamkeit hat eine erstaunliche Wirkung auf unsere geistige und körperliche Gesundheit. Regelmäßige Achtsamkeitspraxis kann Stress reduzieren, die Konzentration verbessern, die emotionale Belastbarkeit stärken und sogar das Immunsystem unterstützen. Menschen, die achtsam leben, berichten häufig von tieferen zwischenmenschlichen Verbindungen, einer gesteigerten Lebensfreude, und einem Gefühl der inneren Ruhe.

Achtsamkeit ist mehr als nur eine Technik. Sie ist eine Lebenseinstellung, die uns hilft, das Wesentliche zu erkennen und Gelassenheit zu entwickeln. In der Kombination mit Single Tasking wird Achtsamkeit zu einer mächtigen Unterstützung, die uns sowohl bei der Arbeit als auch im Privatleben mehr Balance und Zufriedenheit schenkt.

Achtsamkeitsübungen für den Alltag

Achtsamkeit lässt sich in jeden Moment des Tages integrieren. Die folgenden Übungen sind einfache, aber effektive Methoden, um die Achtsamkeitspraxis schrittweise in Ihren Alltag aufzunehmen. Sie benötigen weder besondere Vorbereitung noch viel Zeit. Sie müssen sich nur auf den Moment einzulassen.

Übung 1: Achtsames Atmen

Ziel: Den Geist beruhigen und sich auf den gegenwärtigen Moment konzentrieren.

1. Nehmen Sie sich eine Minute Zeit und richten Sie Ihre gesamte Aufmerksamkeit auf Ihren Atem.
2. Spüren Sie, wie die Luft durch die Nase einströmt und Ihre Lungen füllt. Achten Sie auf den Rhythmus des Atems, ohne ihn bewusst zu verändern.

3. Sobald Sie bemerken, dass Ihre Gedanken abschweifen, bringen Sie sie sanft wieder zum Atem zurück.

4. Wiederholen Sie diese Übung mehrmals am Tag, besonders in Momenten, in denen Sie sich gestresst oder abgelenkt fühlen.

Achtsames Atmen ist eine einfache, aber effektive Technik, um den Geist zu zentrieren und Ruhe zu finden.

Übung 2: Achtsames Essen

Ziel: Den Genuss und die Wahrnehmung von alltäglichen Tätigkeiten steigern.

1. Nehmen Sie sich bei Ihrer nächsten Mahlzeit bewusst Zeit, um jeden Bissen zu genießen.

2. Achten Sie auf den Geschmack, die Textur und den Geruch des Essens. Versuchen Sie, die Speisen wie beim ersten Mal zu erleben.

3. Lassen Sie sich nicht von anderen Gedanken ablenken. Konzentrieren Sie sich voll und ganz auf den Moment und die Empfindungen beim Essen.

4. Essen Sie langsam und achten Sie darauf, wie sich Ihr Körper anfühlt, während Sie essen.

Achtsames Essen hilft uns, das Essen bewusster wahrzunehmen und eine tiefere Verbindung zu unserem Körper zu entwickeln.

Übung 3: Der „Körper-Scan"

Ziel: Den Körper wahrnehmen und das körperliche Bewusstsein stärken.

1. Nehmen Sie sich fünf bis zehn Minuten Zeit und setzen oder legen Sie sich bequem hin.
2. Schließen Sie die Augen und richten Sie Ihre Aufmerksamkeit zunächst auf Ihre Füße. Spüren Sie das Gewicht, die Berührung mit dem Boden oder den Druck Ihrer Kleidung.
3. Wandern Sie dann langsam mit Ihrer Aufmerksamkeit durch den gesamten Körper: von den Füßen zu den Beinen, über den Rumpf, die Schultern und die Arme bis hin zum Kopf.
4. Achten Sie auf alle Empfindungen und spüren Sie bewusst in jede Körperregion hinein, ohne etwas verändern zu wollen.

Der Körper-Scan ist eine klassische Achtsamkeitsübung, die den Geist beruhigt und das körperliche Bewusstsein stärkt.

Übung 4: Die „5-4-3-2-1"-Übung

Ziel: Den Geist durch gezielte Sinneswahrnehmungen in den Moment bringen.

1. Schauen Sie sich um und benennen Sie innerlich fünf Dinge, die Sie sehen.

2. Benennen Sie vier Dinge, die Sie fühlen können, z. B. den Stuhl unter Ihnen oder die Kleidung auf Ihrer Haut.

3. Hören Sie auf drei Geräusche, die um Sie herum zu hören sind.

4. Riechen Sie an zwei Dingen in Ihrer Umgebung oder denken Sie an vertraute Gerüche.

5. Schmecken Sie etwas oder erinnern Sie sich an einen Geschmack.

Diese Übung hilft, das Bewusstsein zu schärfen und den Geist auf die Sinneswahrnehmungen zu fokussieren.

Wie Achtsamkeit den Single Tasking-Ansatz unterstützt

Achtsamkeit und Single Tasking gehen Hand in Hand. Achtsamkeit hilft uns, im Alltag kleine, störende Gedanken zu erkennen und sie loszulassen, bevor sie unseren Fokus auf das Wesentliche beeinträchtigen. Durch achtsame Momente wie die oben beschriebenen Übungen lernen wir, bewusster und fokussierter zu handeln.

Achtsamkeit wirkt sich jedoch nicht nur auf unsere mentale Klarheit aus. Sie hilft auch dabei, uns emotional zu stärken und gelassener auf Herausforderungen zu reagieren. Wer achtsam lebt, reagiert weniger impulsiv auf äußere Reize und bewahrt sich stattdessen die innere Ruhe, die für tiefes, fokussiertes Arbeiten notwendig ist.

Langfristige Vorteile der Achtsamkeitspraxis

Die regelmäßige Achtsamkeitspraxis bringt langfristige Vorteile für alle Lebensbereiche:

1. **Weniger Stress und höhere Resilienz**: Durch Achtsamkeit lernen wir, unsere Gedanken zu beobachten, ohne uns von ihnen überwältigen zu lassen. Das reduziert Stress und fördert die innere Ruhe.

2. **Verbesserte Konzentration**: Achtsamkeit schult die Fähigkeit, sich auf eine Sache zu konzentrieren und Ablenkungen bewusst wahrzunehmen, ohne ihnen nachzugeben.

3. **Bessere emotionale Balance**: Achtsamkeit hilft, Emotionen klarer zu erkennen und auf sie zu reagieren, ohne impulsiv zu werden.

4. **Mehr Lebensfreude**: Menschen, die achtsam leben, berichten oft von einer gesteigerten Lebenszufriedenheit, weil sie selbst in kleinen Momenten Freude finden und sich nicht im Gedankenstrudel verlieren.

Achtsamkeit ist also weit mehr als eine Technik. Sie ist eine Möglichkeit, das Leben mit größerer Präsenz und Tiefe zu erfahren und gleichzeitig die Grundlagen für produktives, tiefes Arbeiten zu schaffen.

Kapitel 7:
Fokus und Selbstdisziplin
– Wie man langfristig dranbleibt

Selbstdisziplin: Fundament für den Fokus

Die meisten von uns haben schon die Erfahrung gemacht, dass es vergleichsweise leicht ist, voller Motivation eine neue Routine zu beginnen – sei es, um gesünder zu leben, ein Projekt voranzutreiben oder fokussierter zu arbeiten. Doch mit der Zeit bröckelt diese Motivation oft, und es wird immer schwieriger, am Ball zu bleiben. Was uns in solchen Momenten fehlt, ist nicht Motivation, sondern Selbstdisziplin. Während Motivation flüchtig ist, ist Selbstdisziplin wie ein Fels, der uns selbst dann trägt, wenn die anfängliche Begeisterung verblasst.

Selbstdisziplin ist die Fähigkeit, an Zielen festzuhalten und Prioritäten zu setzen, selbst wenn Versuchungen oder Ablenkungen lauern. In diesem Kapitel erfahren Sie, wie Sie den „inneren Schweinehund" überwinden und langfristig Ihren Fokus stärken, um Ihre Ziele zu erreichen. Durch bewusste Techniken, Strategien und Übungen lernen Sie, wie Sie sich selbst motivieren und eine verlässliche, disziplinierte Arbeitsweise etablieren.

Was uns antreibt und warum wir aufgeben

Selbstdisziplin beruht auf einer klaren Entscheidung: der Entscheidung, langfristige Ziele über kurzfristige Annehmlichkeiten zu stellen. Wenn wir uns beispielsweise vornehmen, morgens eine Stunde an einem wichtigen Projekt zu arbeiten, bevor wir E-Mails checken oder Nachrichten lesen, dann setzen wir eine Priorität. Doch oft verlieren wir diesen Fokus, wenn kurzfristige Reize uns locken. Das Belohnungszentrum unseres Gehirns reagiert stärker auf die sofortige Befriedigung durch Ablenkung als auf die Erfüllung unserer langfristigen Ziele.

Die gute Nachricht ist: Selbstdisziplin ist wie ein Muskel, der durch regelmäßiges Training gestärkt werden kann. Je häufiger wir uns für das Wichtige entscheiden und den kurzfristigen Ablenkungen widerstehen, desto einfacher wird es, die Disziplin aufrechtzuerhalten.

Strategien zur Stärkung von Selbstdisziplin und Fokus

Selbstdisziplin ist nicht nur eine Frage des Willens, sondern sie erfordert auch praktische Strategien und Techniken, die Sie dabei unterstützen, konsequent am Ball zu bleiben. Hier sind einige Methoden, die Ihnen helfen, Ihre Selbstdisziplin zu stärken und langfristig fokussiert zu bleiben.

Strategie 1: Die „Wenn-Dann-Planung"

Die „Wenn-Dann-Planung" ist eine Methode, mit der Sie sich gezielt auf Herausforderungen vorbereiten können. Indem Sie im Voraus festlegen, wie Sie in bestimmten Situationen reagieren möchten, schaffen Sie Klarheit und sind so weniger anfällig für Ablenkungen.

1. Identifizieren Sie typische Situationen, in denen Sie Gefahr laufen, Ihre Disziplin zu verlieren (z. B. das Checken von sozialen Medien).
2. Formulieren Sie eine klare Wenn-Dann-Anweisung: „Wenn ich merke, dass ich mich ablenken lassen will, dann konzentriere ich mich bewusst auf meine Hauptaufgabe."
3. Wiederholen Sie diese Anweisung regelmäßig, um sie fest in Ihrem Verhalten zu verankern.

Diese Methode hilft, automatische Reaktionen auf Ablenkungen zu kontrollieren und diszipliniert zu handeln.

Strategie 2: Setzen Sie sich „Mini-Ziele"

Langfristige Ziele wirken oft einschüchternd und lassen uns schnell die Motivation verlieren. Indem Sie Ihre Ziele in kleine, überschaubare Schritte aufteilen, schaffen Sie Erfolgserlebnisse, die Ihre Disziplin stärken.

1. Teilen Sie ein großes Ziel in kleinere Etappen auf, die Sie kurzfristig (heute) erreichen können.

2. Setzen Sie sich für jede Etappe ein spezifisches Mini-Ziel, das Sie motiviert, weiterzumachen.

3. Feiern Sie das Erreichen jedes Mini-Ziels bewusst und nehmen Sie sich eine kurze Pause, bevor Sie zur nächsten Etappe übergehen.

Diese Strategie stärkt die Selbstdisziplin, weil das Erreichen kleiner Schritte motiviert.

Strategie 3: Die „Zeitblockierung"

Mit der Zeitblockierung schaffen Sie feste Zeitfenster für wichtige Aufgaben. Dadurch schützen Sie Ihre Konzentrationsphasen und schaffen eine Struktur, die Ihnen hilft, diszipliniert an einer Aufgabe zu bleiben.

1. Planen Sie feste Zeitblöcke für fokussiertes Arbeiten, z. B. täglich eine Stunde am Morgen für ein wichtiges Projekt.

2. Halten Sie diese Zeiten konsequent frei und behandeln Sie sie wie einen wichtigen Termin. Verschieben Sie sie nur in äußersten Notfällen.

3. Nutzen Sie in diesen Blöcken nur die für die Aufgabe notwendigen Werkzeuge und schalten Sie alle potenziellen Ablenkungen aus.

Die Zeitblockierung schafft Routine und hilft, Disziplin zu entwickeln, indem sie klare, geschützte Zeitfenster für konzentriertes Arbeiten bietet.

Übungen zur Stärkung der Selbstdisziplin

Um Selbstdisziplin und Fokus zu stärken, ist es hilfreich, kleine, konkrete Übungen in den Alltag zu integrieren. Diese Übungen lassen sich leicht umsetzen und fördern schrittweise Ihre Fähigkeit, langfristig an Zielen dranzubleiben.

Übung 1: Das „Abschlussritual"

Ziel: Eine klare Struktur schaffen, die den Arbeitsprozess abschließt und die Disziplin fördert.

1. Legen Sie am Ende eines jeden Arbeitstags fünf Minuten fest, in denen Sie sich bewusst auf den nächsten Tag vorbereiten.
2. Erstellen Sie eine kurze Liste der Aufgaben, die Sie am nächsten Tag erledigen möchten, und legen Sie Prioritäten fest.
3. Notieren Sie am Ende der Liste eine kleine, konkrete Aufgabe für den nächsten Morgen, mit der Sie beginnen können.
4. Beenden Sie die Arbeitszeit bewusst, indem Sie das Arbeitsmaterial wegräumen und den Arbeitsbereich ordentlich hinterlassen.

Das Abschlussritual hilft, den Arbeitstag geordnet zu beenden und fördert die Selbstdisziplin, indem es die Planung des nächsten Tages unterstützt.

Übung 2: Die „Tages-Rückschau"

Ziel: Den eigenen Fortschritt reflektieren und motiviert in den nächsten Tag starten.

1. Nehmen Sie sich jeden Abend fünf bis zehn Minuten Zeit, um den Tag Revue passieren zu lassen.
2. Notieren Sie, welche Aufgaben Sie erfolgreich abgeschlossen haben und wie diszipliniert Sie dabei vorgegangen sind.
3. Überlegen Sie, was gut funktioniert hat und wo es noch Herausforderungen gab.
4. Legen Sie fest, welche eine Sache Sie am nächsten Tag noch besser machen möchten.

Die Tages-Rückschau fördert die Selbstdisziplin, indem sie einen reflektierten Umgang mit den eigenen Zielen und Erfolgen schafft, und geht damit über das zuvor beschriebene „Abschlussritual hinaus".

Übung 3: Die „90-Minuten-Fokus-Einheit"

Ziel: Eine längere Zeitspanne konsequent an einer Aufgabe arbeiten und die Konzentrationsfähigkeit steigern.

1. Wählen Sie eine Aufgabe, die 90 Minuten ungestörten Fokus erfordert.
2. Stellen Sie sich einen Timer und arbeiten Sie die gesamte Zeit über konzentriert an dieser Aufgabe.

3. Halten Sie alle Störungen und Ablenkungen fern und gönnen Sie sich erst nach der Einheit eine kurze Pause.

4. Wiederholen Sie diese Übung regelmäßig, um Ihre Fähigkeit zu stärken, auch längere Zeit fokussiert zu bleiben.

Die 90-Minuten-Fokus-Einheit hilft, die Disziplin und Konzentrationsfähigkeit durch längere, ununterbrochene Arbeitsphasen zu stärken.

Motivation durch Belohnung: Wie Sie Selbstdisziplin belohnen

Selbstdisziplin ist ein langfristiges Projekt, und es ist wichtig, sich für Fortschritte zu belohnen. Kleine Belohnungen, wie eine kurze Pause oder ein persönliches Lob, können motivieren und die Selbstdisziplin aufrechterhalten. Überlegen Sie, welche Belohnungen Ihnen persönlich Freude bereiten, und nutzen Sie diese als Anreiz, um fokussiert zu bleiben.

1. Setzen Sie sich ein kleines Belohnungssystem: Nach jeder erledigten Aufgabe gönnen Sie sich eine Tasse Kaffee, einen Spaziergang oder eine andere kleine Freude.

2. Schaffen Sie für größere Erfolge größere Belohnungen, z. B. ein Abendessen in Ihrem Lieblingsrestaurant oder ein neues Buch.

3. Bedenken Sie dabei: Belohnungen sind keine Ablenkungen, sondern eine Anerkennung Ihrer Disziplin und helfen Ihnen, langfristig motiviert zu bleiben.

Selbstdisziplin als Schlüssel zur langfristigen Konzentration

Selbstdisziplin ist die Grundlage für fokussiertes Arbeiten und langfristigen Erfolg. Sie ist das stabile Fundament, auf dem unsere Arbeitsweise aufbaut, und die Kraft, die uns am Ball bleiben lässt, auch wenn die Motivation schwindet. Wiederkehrende Übungen helfen Ihnen dabei, Selbstdisziplin gezielt zu entwickeln und zu trainieren.

Indem Sie sich an kleine, tägliche Rituale halten, sich klare Ziele setzen und Ihren Fortschritt regelmäßig reflektieren, schaffen Sie eine Disziplin, die Ihnen langfristig zu einem ausgeglichenen und produktiven Leben verhilft. In Kombination mit den zuvor besprochenen Techniken des Single Tasking und der Achtsamkeit gewinnen Sie so die Fähigkeit, langfristig fokussiert, konzentriert und bewusst zu handeln.

Im nächsten Kapitel widmen wir uns einem weiteren Baustein, der die Disziplin unterstützt: der Kunst, die eigene Umgebung so zu gestalten, dass sie Konzentration und Ruhe fördert.

Kapitel 8: Die Umwelt gestalten – Fokus durch äußere Ordnung

Die Macht der Umgebung für einen klaren Geist

Manchmal reicht schon ein unaufgeräumter Schreibtisch, um das Gefühl von Chaos und Überforderung hervorzurufen. Die Umgebung, in der wir arbeiten und leben, hat einen großen Einfluss auf unsere Konzentrationsfähigkeit und unser inneres Wohlbefinden. Eine ruhige, aufgeräumte Umgebung kann Wunder wirken, wenn es darum geht, den Geist zu beruhigen und sich auf das Wesentliche zu konzentrieren. Im Gegensatz dazu kann eine unstrukturierte, überladene Umgebung unsere Energie rauben und zu ständiger Ablenkung führen.

Das Prinzip ist einfach: Unsere äußere Ordnung spiegelt oft die innere Ordnung wider. Indem wir unsere Umgebung so gestalten, dass sie Konzentration und Ruhe unterstützt, schaffen wir die besten Voraussetzungen für ein fokussiertes und produktives Arbeiten. Dieses Kapitel zeigt Ihnen, wie Sie durch die Gestaltung Ihrer Umgebung die Voraussetzungen für effektives Single Tasking schaffen, und gibt praktische Tipps und Übungen, um Ihre physische Umgebung zu einem Ort der Klarheit und Konzentration zu machen.

Warum die Umgebung so entscheidend ist

Ob wir wollen oder nicht: unser Gehirn reagiert ständig auf die Reize in unserer Umgebung. Unnötige Gegenstände, unaufgeräumte Flächen und optisches Durcheinander lenken die Aufmerksamkeit auf subtile Weise ab und signalisieren dem Gehirn: „Hier gibt es noch etwas zu tun." Unaufgeräumte Umgebungen können Stress und das Gefühl von Überforderung auslösen, selbst wenn wir uns dessen nicht bewusst sind. Wenn jedoch Ordnung herrscht und unnötige Reize reduziert werden, kann unser Gehirn besser fokussieren arbeiten.

Prinzipien einer konzentrierten Umgebung

Ein aufgeräumter, gut strukturierter Arbeitsplatz ist die Grundlage für fokussiertes Arbeiten ohne Ablenkungen. Dabei geht es nicht nur darum, Dinge wegzuräumen, sondern darum, die Umgebung bewusst so zu gestalten, dass sie Konzentration und Ruhe fördert.

1. **Minimalismus:** Weniger ist oft mehr. Auf dem Schreibtisch sollten nur Gegenstände stehen, die Sie tatsächlich für Ihre Arbeit benötigen.

2. **Ordnung und Struktur:** Eine klare Struktur hilft, den Überblick zu behalten und den Kopf frei zu machen. Alles sollte einen festen Platz haben.

3. **Persönliche Note:** Ein Umfeld, das positive Emotionen weckt, steigert die Stimmung und Produktivität. Ein Foto oder eine Pflanze sind wunderbare Akzente, die Atmosphäre schaffen, ohne zu überladen.

Gestaltung einer konzentrierten Umgebung

Investieren Sie Zeit und Aufmerksamkeit in die Gestaltung und Optimierung Ihrer ystematisch geordneten Arbeitsumgebung.

Schritt 1: „Tagesbeginn-Ritual"

Ein klarer Start in den Arbeitstag hilft, den Geist auf Konzentration einzustellen und Klarheit zu schaffen.

1. Nehmen Sie sich jeden Morgen fünf Minuten Zeit, um nur das Nötige bereitzulegen.

2. Legen Sie Ihre wichtigsten Arbeitsmaterialien griffbereit zurecht und entfernen Sie alles andere.

3. Nehmen Sie sich einen Moment, um bewusst durchzuatmen und sich auf den Arbeitstag einzustimmen.

Das Tagesbeginn-Ritual schafft eine klare, fokussierte Umgebung und hilft, den Arbeitstag geordnet zu beginnen.

Schritt 2: „Alles an seinem Platz"

Unordnung entsteht oft, weil Dinge keinen festen Platz haben und zufällig auf dem Schreibtisch landen. Die Methode „Alles an seinem Platz" schafft eine feste Struktur und reduziert die visuelle Unordnung.

1. Überlegen Sie sich einen festen Platz für alle Arbeitsmaterialien, die Sie regelmäßig benötigen.

2. Bewahren Sie Kleinigkeiten wie Stifte, Papier und Notizen in Schubladen oder Behältern auf, damit der Schreibtisch frei bleibt.

3. Machen Sie es sich zur Gewohnheit, Arbeitsmaterialien nach jeder Nutzung wieder an ihren Platz zu legen.

Durch die feste Struktur wird der Schreibtisch zu einem klaren, geordneten Ort, der die Konzentration fördert.

Schritt 3: „Weniger ist mehr" - Minimalismus üben

Minimalismus am Arbeitsplatz bedeutet, sich von unnötigen Gegenständen zu trennen und nur das Wesentliche zu behalten. So beschränken Sie sich auf das Nötige und schaffen eine beruhigende Umgebung.

1. Sortieren Sie alle Gegenstände auf Ihrem Schreibtisch und überlegen Sie, ob Sie sie wirklich benötigen.

2. Entfernen Sie alles, was nicht täglich oder wöchentlich gebraucht wird. Verstauen Sie selten genutzte Dinge in Schränken oder Ablagen.

3. Gehen Sie einmal pro Woche durch Ihren Arbeitsplatz und entfernen Sie alles, was sich angesammelt hat und nicht notwendig ist.

Diese Übung schafft eine klare Umgebung und hilft Ihnen, sich auf das Wesentliche zu konzentrieren.

Übungen für mehr Ordnung und Klarheit

Ein klarer Kopf und ein aufgeräumter Schreibtisch gehen oft Hand in Hand. Schaffen Sie Struktur in Ihrem Arbeitsbereich, um Konzentration und Ruhe zu fördern.

Übung 1: Der „5-Minuten-Aufräum-Impuls"

Ziel: Kleine, regelmäßige Aufräumimpulse im Alltag.

1. Nehmen Sie sich am Ende jedes Arbeitstags fünf Minuten Zeit, um den Schreibtisch aufzuräumen und alles an seinen Platz zurückzulegen.

2. Stellen Sie eine kleine Box oder einen Korb bereit, in dem Sie vorübergehend Papiere oder Kleinigkeiten sammeln können, die noch bearbeitet werden müssen.

3. Entfernen Sie überflüssige Dinge und lassen Sie nur liegen, was Sie am nächsten Tag benötigen.

Der 5-Minuten-Aufräum-Impuls sorgt dafür, dass sich keine Unordnung ansammelt und der Arbeitsplatz am nächsten Tag klar und geordnet ist.

Übung 2: Der „Wochenfokus-Check"

Ziel: Den Arbeitsplatz regelmäßig überprüfen und aufgeräumt halten.

1. Nehmen Sie sich am Ende jeder Woche 10 bis 15 Minuten, um Ihren Arbeitsplatz gründlich aufzuräumen und alle Papiere, Notizen und Materialien zu sortieren.

2. Werfen Sie überflüssige Zettel weg oder legen Sie sie ab, wenn sie nicht mehr gebraucht werden.

3. Überlegen Sie, welche Gegenstände auf dem Schreibtisch verbleiben sollen, und was verstaut werden kann, um die visuelle Ruhe zu wahren.

Der Wochenfokus-Check stellt sicher, dass Ihr Arbeitsplatz stets ein ruhiger Ort bleibt, der Ihnen hilft, klar und konzentriert zu arbeiten.

Übung 3: Eine „Fokusecke" schaffen

Ziel: Eine kleine, inspirierende Ecke gestalten, die Konzentration und Ruhe fördert.

1. Suchen Sie einen kleinen Bereich auf Ihrem Schreibtisch oder in Ihrem Arbeitsraum, der zu einer „Fokusecke" wird.

2. Platzieren Sie dort einen Gegenstand, der Sie inspiriert und den Sie mit Ruhe oder Motivation verbinden, z. B. eine Pflanze, ein Bild oder ein Zitat.

3. Verwenden Sie diese Ecke als Mini-Oase der Ruhe und blicken Sie darauf, wenn Sie eine kurze Pause benötigen.

Die Fokusecke schafft eine persönliche Note und kann als kleine Quelle der Inspiration dienen, die Ruhe und Klarheit fördert.

Langfristige Strategien für eine aufgeräumte Arbeitsumgebung

Neben den oben genannten Übungen gibt es einige langfristige Strategien, die Ihnen helfen, Ihre Arbeitsumgebung dauerhaft zu einem Ort der Klarheit und Konzentration zu machen:

1. **Regelmäßiges Entrümpeln:** Machen Sie es sich zur Gewohnheit, Ihren Arbeitsplatz alle paar Monate von überflüssigen Dingen zu befreien.

2. **Klares Ablagesystem:** Entwickeln Sie ein einfaches Ablagesystem, in dem Dokumente und Materialien einen festen Platz haben und schnell auffindbar sind.

3. **Visuelle Ruhe schaffen:** Halten Sie Farben und Dekorationen schlicht und unaufdringlich, um den Blick nicht abzulenken.

Diese langfristigen Maßnahmen sorgen dafür, dass Ihre Arbeitsumgebung ein Ort bleibt, der Ihnen hilft, produktiv und klar zu arbeiten.

Ein klarer Arbeitsplatz für einen klaren Geist

Die Gestaltung einer ruhigen und geordneten Umgebung ist ein wichtiger Baustein für das Single Tasking. Wenn Sie Ihren Arbeitsplatz so gestalten, dass er Klarheit und Ruhe ausstrahlt, schaffen Sie die besten Voraussetzungen für fokussiertes Arbeiten und tiefes Denken. Ein aufgeräumter Arbeitsplatz kann den Unterschied zwischen geistiger Klarheit und einem Gefühl der Überforderung ausmachen. Indem Sie sich bewusst um Ihre Umgebung kümmern, tun Sie Ihrem Geist einen Gefallen und erleichtern sich den Zugang zu einem klaren, konzentrierten Denken.

Kapitel 9: Meditation und mentales Training für die Langzeit-Konzentration

Die Kunst des ruhigen Geistes

In einer Welt voller Lärm und Ablenkung ist der Geist oft wie ein unruhiges Meer. Wellen von Gedanken, Sorgen und Erinnerungen überfluten ihn, und es wird schwer, Klarheit und Konzentration zu finden. Meditation und mentales Training bieten Möglichkeiten, um innere Stabilität zu entwickeln, die Ihnen hilft, fokussiert zu bleiben. Diese Praktiken schulen den Geist in der Kunst des Innehaltens, des Loslassens und des konzentrierten Verweilens auf das Hier und Jetzt.

Meditation hat in westlichen Gesellschaften in den letzten Jahren immer mehr Anerkennung gefunden. Was früher oft als spirituelle Praxis betrachtet wurde, wird heute von Wissenschaftlern und Psychologen als mächtige Methode zur Steigerung der geistigen Klarheit und Konzentrationsfähigkeit angesehen. Durch Meditation und mentales Training lernen wir, den Strom unserer Gedanken zu kontrollieren und uns auf das zu fokussieren, was wirklich wichtig ist. Dieses Kapitel zeigt, wie Sie Meditation und mentales Training nutzen können, um Ihre Aufmerksamkeit zu verbessern und die Grundlagen für tiefes, ruhiges Denken zu legen.

Vorteile der Meditation

Regelmäßige Meditation hat tiefgreifende positive Effekte auf das Gehirn. Sie fördert die Bildung neuer neuronaler Verbindungen und stärkt die graue Substanz in Bereichen, die für Gedächtnis, Selbstwahrnehmung und emotionale Regulation verantwortlich sind. Regelmäßige Meditation verbessert die Aufmerksamkeitsspanne, verringert das Stressniveau und steigert die kognitive Flexibilität. Darüber hinaus kann Meditation langfristig das Gehirn „umbauen" und so dazu beitragen, dass wir auch in hektischen Momenten die Ruhe bewahren.

Meditation hat jedoch nicht nur kognitive, sondern auch emotionale Vorteile. Sie hilft, Emotionen besser wahrzunehmen und zu kontrollieren, was wiederum unsere Fähigkeit zur Fokussierung stärkt. Wenn wir weniger von Stress und negativen Emotionen beeinflusst werden, fällt es uns leichter, ruhig und konzentriert zu bleiben.

Einfache Techniken für Anfänger

Meditation muss nicht komplex oder esoterisch sein. Im Wesentlichen geht es darum, den Geist zu beruhigen und sich auf einen Anker zu konzentrieren. Dies kann die bewusste Atmung oder ein einzelnes Wort sein. Die folgenden Techniken sind einfache, aber effektive Methoden, um mit der Meditation zu beginnen und erste Schritte in Richtung eines ruhigeren Geistes zu gehen.

Technik 1: Atemmeditation

Die Atemmeditation ist eine der einfachsten und wirkungsvollsten Methoden, um den Geist zu beruhigen und die Aufmerksamkeit zu trainieren.

1. Setzen Sie sich aufrecht, aber entspannt hin und schließen Sie die Augen.
2. Richten Sie Ihre gesamte Aufmerksamkeit auf Ihren Atem. Spüren Sie, wie die Luft durch die Nase ein- und ausströmt.
3. Lassen Sie Ihre Gedanken vorbeiziehen, ohne sie zu bewerten, und kehren Sie immer wieder sanft zum Atem zurück.
4. Beginnen Sie mit fünf Minuten und steigern Sie die Dauer allmählich, wenn Sie sich an die Praxis gewöhnen.

Diese Technik stärkt die Fähigkeit, sich auf einen Punkt zu fokussieren und störende Gedanken loszulassen.

Technik 2: Objektmeditation

Bei der Objektmeditation konzentrieren Sie sich auf einen physischen Gegenstand, der Ihnen hilft, die Gedanken zu beruhigen und das Bewusstsein zu fokussieren.

1. Wählen Sie ein einfaches Objekt, wie eine Kerze, einen Stein oder eine Blume, und platzieren Sie es vor sich.

2. Betrachten Sie das Objekt intensiv, ohne es gedanklich zu bewerten oder zu analysieren. Nehmen Sie nur seine Form, Farbe und Beschaffenheit wahr.

3. Immer wenn Ihre Gedanken abschweifen, bringen Sie sie sanft zum Objekt zurück.

4. Üben Sie dies täglich fünf bis zehn Minuten.

Die Objektmeditation trainiert die visuelle Konzentration und hilft, den Fokus auf einen Punkt zu lenken.

Technik 3: Mantra-Meditation

Die Mantra-Meditation verwendet ein Wort oder eine kurze Phrase, die Sie immer wieder im Geiste wiederholen, um die Konzentration zu schärfen.

1. Wählen Sie ein einfaches Wort oder eine Phrase, z.B. „Ruhe" oder „Ich bin ruhig".

2. Schließen Sie die Augen und wiederholen Sie das Wort oder die Phrase im Rhythmus des Atems.

3. Lassen Sie alle Gedanken, die aufkommen, los. Wenn Sie abschweifen, kehren Sie zum Mantra zurück.

4. Üben Sie dies täglich fünf bis zehn Minuten.

Das Mantra dient als Anker für den Geist und hilft, die innere Konzentration zu verstärken.

Mentales Training zur Stärkung der Konzentration

Neben der Meditation gibt es weitere Übungen des mentalen Trainings, die speziell darauf abzielen, die Aufmerksamkeit und Konzentrationsfähigkeit zu stärken. Diese Übungen lassen sich gut in den Alltag integrieren und sind eine sinnvolle Ergänzung zur Meditation.

Übung 1: Visualisierung

Visualisierung ist eine Technik, bei der Sie sich ein klares Bild von einer Situation, einem Ziel oder einer Aufgabe vorstellen. Das stärkt die Konzentrationsfähigkeit, und hilft Ihnen auch, Ihre Ziele klarer zu definieren.

1. Setzen Sie sich an einen ruhigen Ort und schließen Sie die Augen.
2. Stellen Sie sich eine Situation oder ein Ziel vor, das Sie erreichen möchten. So lebendig und detailliert wie möglich.
3. Lassen Sie alle Details auf sich wirken und spüren Sie, wie es sich anfühlt, dieses Ziel zu erreichen.
4. Nutzen Sie die Visualisierung als tägliche Übung, um Ihre Konzentrationsfähigkeit zu steigern und sich auf Ihre Ziele zu fokussieren.

Diese Übung schärft die Vorstellungskraft und hilft, die Motivation und Zielklarheit zu steigern.

Übung 2: „Gedankenparkplatz"

Der „Gedankenparkplatz" ist eine einfache, aber wirkungsvolle Technik, um störende Gedanken zu „parken" und sich voll auf die aktuelle Aufgabe zu konzentrieren.

1. Legen Sie sich ein Notizbuch oder ein digitales Dokument an, das Sie als „Gedankenparkplatz" verwenden.

2. Wenn während der Arbeit Gedanken aufkommen, die Sie ablenken – etwa Ideen für ein neues Projekt oder persönliche Anliegen –, schreiben Sie sie sofort auf den Gedankenparkplatz.

3. Kehren Sie anschließend zur aktuellen Aufgabe zurück, ohne sich weiter mit den aufgeschriebenen Gedanken zu beschäftigen.

4. Schauen Sie später auf Ihren Gedankenparkplatz und entscheiden Sie, ob die Gedanken wirklich relevant sind.

Diese Übung entlastet den Geist und hilft, Störgedanken zu minimieren.

Übung 3: Achtsames Zuhören

Achtsames Zuhören ist eine Übung, die uns hilft, die Fähigkeit zur Präsenz im Moment zu stärken und den Geist zu fokussieren.

1. Setzen Sie sich mit einem Freund oder Kollegen zusammen und bitten Sie ihn, Ihnen etwas zu erzählen.
2. Konzentrieren Sie sich ganz auf das, was die andere Person sagt, ohne selbst zu kommentieren oder sich eigene Gedanken zu machen.
3. Versuchen Sie, auf Details und Nuancen in der Sprache und der Ausdrucksweise zu achten.
4. Wenn Ihre Gedanken abschweifen, kehren Sie bewusst zum Zuhören zurück.

Achtsames Zuhören stärkt die Konzentrationsfähigkeit und verbessert die Präsenz im Moment.

Meditation und mentales Training in den Alltag integrieren

Meditation und mentales Training entfalten ihre volle Wirkung, wenn sie regelmäßig praktiziert werden. Sie müssen nicht täglich Stunden dafür aufwenden; schon wenige Minuten am Tag können ausreichen, um die geistige Klarheit und Konzentration zu fördern. Hier sind einige Tipps für den Alltag:

1. **Morgendliche Routine**: Beginnen Sie den Tag mit fünf bis zehn Minuten Meditation, um den Geist zu beruhigen und sich auf den Tag einzustimmen.

2. **Kurze Pausen**: Nutzen Sie kurze Pausen im Alltag, um eine Atemmeditation oder eine kurze Visualisierungsübung zu machen.

3. **Abendliche Reflexion**: Beenden Sie den Tag mit einer kurzen Meditation oder einer Visualisierung, die auf Ihre Ziele fokussiert ist. So schließen Sie den Tag bewusst ab und fördern eine ruhige Nachtruhe.

Langfristige Vorteile von Meditation und mentalem Training

Wer regelmäßig meditiert und mentales Training praktiziert, entwickelt langfristig eine tiefere Konzentrationsfähigkeit und ein ruhigeres, ausgeglicheneres Gemüt. Die Effekte dieser Praktiken zeigen sich in allen Lebensbereichen:

1. **Verbesserte Konzentration**: Meditation und mentales Training stärken die Fähigkeit, sich auf eine Aufgabe zu konzentrieren und störende Gedanken auszublenden.

2. **Innere Ruhe und Gelassenheit**: Ein ruhiger Geist wird weniger von Stress und äußeren Reizen beeinflusst und kann klarer und gelassener reagieren.

3. **Bessere emotionale Kontrolle**: Die regelmäßige Praxis hilft, Emotionen bewusst wahrzunehmen und mit ihnen konstruktiv umzugehen.
4. **Erhöhte Kreativität**: Ein klarer, ruhiger Geist kann neue Ideen und kreative Lösungen finden, ohne ständig von Gedanken abgelenkt zu werden.

Meditation als Anker für einen ruhigen Geist

Mit dem regelmäßigen und bewussten Training entwickeln Sie kraftvolle Werkzeuge, um die Konzentrationsfähigkeit und geistige Klarheit langfristig zu steigern. Indem wir lernen, den Geist zu beruhigen und auf das Wesentliche zu fokussieren, gewinnen wir die Fähigkeit, in der Hektik des Alltags einen klaren Kopf zu bewahren. Die in diesem Kapitel vorgestellten Techniken und Übungen geben Ihnen das Handwerkszeug, um die innere Ruhe zu finden, die fokussiertes Arbeiten erleichtert.

Im letzten Kapitel widmen wir uns schließlich der Frage, wie man die Prinzipien des Single Tasking und der Achtsamkeit in Teams umsetzen kann. Denn auch in der Zusammenarbeit mit anderen lassen sich Fokus und Klarheit gezielt fördern, um gemeinsam effektiver und harmonischer zu arbeiten.

Kapitel 10:
Single Tasking im Team
Gemeinsam fokussiert arbeiten

Fokussierte Zusammenarbeit

In unserer zunehmend digitalisierten und vernetzten Arbeitswelt wird Teamarbeit immer wichtiger. Unabhängig vom Büro, Homeoffice oder einem hybriden Modell, sind wir sind ständig gefordert, im Austausch mit anderen produktiv zu bleiben. Doch oft entsteht gerade in Teams eine besondere Art von Ablenkung: spontane Anrufe, endlose E-Mail-Ketten, unnötige Meetings und das Gefühl, immer verfügbar sein zu müssen. Diese Dynamik kann dazu führen, dass sich jeder im Team zerstreut und überfordert fühlt, weil die eigentliche Arbeit oft zwischen unzähligen Unterbrechungen verloren geht.

Die Prinzipien des Single Tasking lassen sich jedoch nicht nur individuell, sondern auch auf die Zusammenarbeit in Teams anwenden. Wenn es einem Team gelingt, klare Strukturen und Regeln für den Umgang mit Ablenkungen und den Fokus auf gemeinsame Ziele zu etablieren, entsteht eine produktive Ruhe. In diesem Kapitel erfahren Sie, wie Sie die Konzentration in Teams stärken, Meetings sinnvoller gestalten und gemeinsame Fokuszeiten etablieren, um als Gruppe mehr zu erreichen.

Warum Teams oft unproduktiv werden

Teams können durch Synergien unglaublich produktiv sein, aber auch leicht in unproduktive Muster verfallen. Zu den größten Hindernissen für fokussiertes Arbeiten in Teams gehören:

1. **Zuviel Kommunikation**: Permanente Kommunikation per E-Mail, Chat oder Telefon kann den Fluss unterbrechen und sorgt oft dafür, dass sich die Teammitglieder verzetteln.

2. **Ineffiziente Meetings**: Viele Meetings dauern länger als nötig, haben keine klaren Ziele und enden ohne konkrete Ergebnisse. Die Zeit, die dabei verloren geht, fehlt dann für konzentrierte Arbeit.

3. **Fehlende Klarheit über Prioritäten**: Wenn nicht klar ist, was wirklich wichtig ist, tendieren Teams dazu, sich in Detailfragen und Nebensächlichkeiten zu verlieren.

Um diese Herausforderungen zu meistern, ist es entscheidend, eine Kultur des Single Tasking zu fördern, in der Klarheit, Struktur und fokussierte Arbeit im Vordergrund stehen.

Prinzipien für eine fokussierte Teamarbeit

Es gibt einige grundlegende Prinzipien, die helfen, eine Arbeitsumgebung zu schaffen, in der Teams gemeinsam produktiv und konzentriert arbeiten können. Diese Prinzipien schaffen Struktur und ein Arbeitsklima mit klaren Erwartungen und gegenseitigem Respekt.

1. **Transparente Kommunikation**: Klare Regeln für die Kommunikation helfen, unnötige Unterbrechungen zu vermeiden. Es sollte klar sein, wann und wie über welche Themen kommuniziert wird.

2. **Strukturierte Meetings**: Meetings sollten immer ein klares Ziel und eine Agenda haben. Außerdem ist es sinnvoll, für bestimmte Themen regelmäßig „fokussierte" Meetings zu etablieren, in denen alle Beteiligten ihre volle Aufmerksamkeit auf ein gemeinsames Thema richten.

3. **Gemeinsame Fokuszeiten**: Das Einführen von „stillen Stunden", in denen jeder im Team ungestört an seinen Aufgaben arbeiten kann, fördert die Konzentration und gibt Raum für tiefes Arbeiten.

4. **Vertrauen und Eigenverantwortung**: Ein Team, das auf Vertrauen und klarer Eigenverantwortung basiert, ermöglicht es den Mitgliedern, selbstständig zu entscheiden, wann sie sich austauschen und wann sie konzentriert arbeiten.

Strategien zur Förderung von Single Tasking im Team

Um die Prinzipien des Single Tasking in die Teamarbeit zu integrieren, bedarf es praktischer Strategien, die im Alltag umsetzbar sind. Dies fördert eine Atmosphäre der Klarheit und der gemeinsamen Konzentration.

Strategie 1: Die „Stille Stunde"

Ziel: Ununterbrochene Zeiträume für konzentriertes Arbeiten schaffen.

1. Legen Sie im Team einen festen Zeitraum fest, z.B. von 9:00 bis 11:00 Uhr, in dem alle Teammitglieder ungestört an ihren Aufgaben arbeiten.

2. Während dieser Zeit werden E-Mail-Benachrichtigungen und Chat-Meldungen stummgeschaltet, und es gibt keine internen Anrufe oder Besprechungen.

3. Kommunizieren Sie diese „Stille Stunde" klar und respektieren Sie sie als Team-Regel.

Die Stille Stunde hilft, konzentrierte Zeiträume zu etablieren, die den Einzelnen und das gesamte Team produktiver machen.

Strategie 2: Die „Meeting-Richtlinien"

Ziel: Meetings effizienter gestalten und Zeit für konzentriertes Arbeiten gewinnen.

1. Definieren Sie im Team klare Regeln für Meetings: Jedes Meeting sollte eine vorab festgelegte Agenda, ein klares Ziel und eine feste Dauer haben.

2. Ernennen Sie in jedem Meeting eine Person, die auf die Einhaltung der Agenda achtet und dafür sorgt, dass das Gespräch nicht abschweift.

3. Halten Sie Besprechungen kurz und prägnant. Versuchen Sie, Meetings auf maximal 30 Minuten zu beschränken, es sei denn, es handelt sich um Strategie- oder Planungstreffen.

4. Nutzen Sie, wo immer möglich, asynchrone Kommunikationsmittel wie gemeinsame Dokumente oder Chat-Updates, um Updates auszutauschen, ohne dass dafür immer ein Meeting notwendig ist.

Diese Richtlinien helfen dabei, Meetings zu straffen und mehr Zeit für konzentrierte Arbeit zu schaffen.

Strategie 3: „Deep Work-Tage" im Team

Ziel: Regelmäßige Zeiträume für tiefes Arbeiten und das Erledigen komplexer Aufgaben schaffen.

1. Vereinbaren Sie einen Tag pro Woche, an dem das gesamte Team den Vormittag für Deep Work reserviert, z.B. jeden Mittwoch von 9:00 bis 12:00 Uhr.

2. An diesen Tagen wird in der vereinbarten Zeit bewusst auf Meetings, interne Anfragen und spontane Gespräche verzichtet.

3. Nutzen Sie diesen Zeitraum, um gemeinsam an komplexen Projekten zu arbeiten, für die Sie sonst keine ungestörte Zeit finden würden.

Die Einführung von Deep Work-Tagen stärkt im Team das Verständnis für die Bedeutung von Konzentration und schafft Raum für intensives Arbeiten.

Übungen zur Förderung des Teamfokus

Die folgenden Übungen unterstützen Teams dabei, ihre Arbeitsweise zu reflektieren und die Prinzipien des Single Tasking gemeinsam zu verinnerlichen.

Übung 1: Der „Ablenkungs-Check"

Ziel: Ablenkungsquellen identifizieren und eliminieren.

1. Bitten Sie alle Teammitglieder, eine Woche lang zu notieren, was sie bei der Arbeit am häufigsten ablenkt (z.B. ständige E-Mails, spontane Anfragen, Lärm im Büro).

2. Teilen Sie die Ergebnisse in einem kurzen Meeting und diskutieren Sie, welche Ablenkungen sich leicht vermeiden oder reduzieren lassen.

3. Entwickeln Sie gemeinsam Strategien, um Ablenkungen zu minimieren, z. B. durch „fokussierte Zeiten".

Der Ablenkungs-Check hilft, typische Störfaktoren im Teamalltag zu erkennen und gezielt dagegen vorzugehen.

Übung 2: „Gemeinsame Prioritäten festlegen"

Ziel: Klarheit über die wichtigsten Ziele und Aufgaben.

1. Setzen Sie sich regelmäßig im Team zusammen und legen Sie die drei wichtigsten Prioritäten für die Woche fest.

2. Besprechen Sie, was jedes Teammitglied zu diesen Zielen beitragen kann und welche Aufgaben im Vordergrund stehen.

3. Überprüfen Sie am Ende der Woche, ob die Prioritäten erreicht wurden, und reflektieren Sie gemeinsam, was gut funktioniert hat und was verbessert werden könnte.

Diese Übung stärkt das Verständnis für die gemeinsamen Ziele und hilft, den Fokus auf das Wesentliche zu richten.

Übung 3: Die „Feedback-Runde"

Ziel: Das Verständnis für die Konzentrationsbedürfnisse jedes Einzelnen im Team verbessern.

1. Organisieren Sie eine Feedback-Runde, in der jedes Teammitglied darüber spricht, welche Bedingungen es für konzentriertes Arbeiten braucht (z.B. Ruhezeiten, klare Aufgabenverteilung, feste Rückmeldungszeiten).

2. Nehmen Sie sich Zeit, um auf die Bedürfnisse der anderen einzugehen und gemeinsam Lösungen zu finden, um den Arbeitsfluss zu verbessern.
3. Nutzen Sie die Feedback-Runde regelmäßig, um Arbeitsweisen zu reflektieren und anzupassen.

Die Feedback-Runde fördert das Verständnis für die individuellen Bedürfnisse im Team und schafft eine Kultur des gegenseitigen Respekts.

Fokus als Teamleistung

Eine erfolgreiche Teamarbeit zeichnet sich nicht nur durch die Leistung jedes Einzelnen aus, sondern auch durch die Fähigkeit, gemeinsam konzentriert zu arbeiten. Durch die Anwendung der Prinzipien des Single Tasking auf die Teamarbeit entsteht eine Kultur der Klarheit und Konzentration, die es jedem ermöglicht, seine besten Ergebnisse zu erzielen. Indem Sie Regeln für die Kommunikation, den Umgang mit Ablenkungen und die gemeinsame Planung von Fokuszeiten etablieren, schaffen Sie ein Umfeld, in dem jeder die nötige Ruhe und Unterstützung findet, um produktiv zu sein.

Fokussierte Teamarbeit erfordert Disziplin, aber auch Verständnis für die Bedürfnisse der anderen. Wenn es einem Team gelingt, sich gegenseitig Raum für Konzentration zu geben und gemeinsame Ziele klar zu formulieren, wird es nicht nur produktiver, sondern auch zufriedener arbeiten.

Den Fokus bewahren – ein Leben in Klarheit und Konzentration

Dieses Buch hat Ihnen hoffentlich gezeigt, wie Sie durch die Prinzipien des Single Tasking mehr Ruhe, Klarheit und Produktivität in Ihr Leben bringen können. Ob durch gezielte Konzentration auf eine Aufgabe, das Entwickeln von Achtsamkeit, das Schaffen eines geordneten Arbeitsumfeldes oder durch die Stärkung von Selbstdisziplin und Teamfokus. Die Werkzeuge des Single Tasking helfen Ihnen, sich nicht mehr in der Hektik des Alltags zu verlieren, sondern bewusste Entscheidungen zu treffen und das Wesentliche in den Vordergrund zu stellen.

Fokus und Klarheit sind wertvolle Güter in einer Welt voller Ablenkungen. Indem Sie die in diesem Buch vorgestellten Techniken und Strategien verinnerlichen, können Sie ein Leben führen, das auf bewussten Entscheidungen und echtem Engagement basiert. Es ist der Weg zu einem Leben, in dem Sie die Kontrolle über Ihre Zeit und Energie zurückgewinnen und sich auf das konzentrieren, was für Sie wirklich zählt.

> „Behalte Deine Ziele im Auge, aber konzentriere Dich auf den nächsten Schritt."
>
> *Matthias Teutrine*